백제토기의 신연구

백제토기의 신연구

김종만 지음

서경문화사

百濟土器의 新研究

　백제토기는 한강유역에서 발원하여 금강유역에서 완성한 동아시아 최고의 토기로 다양한 기종뿐만이 아니라 질감에서 우러나오는 우아함, 유려한 곡선으로 이루어진 점이 특징적이다. 백제는 주변국에 토기를 만드는 제작기법을 전파할 수 있을 정도로 고도의 기술을 보유하고 있었던 선진국이었다. 백제토기에 대한 연구는 일제강점기에 처음 보고되었으며, 1980년대를 전후하여 국내학자에 의해 관심이 고조되기 시작하여 본격적인 연구가 실시되기에 이르렀다.

　필자가 백제토기에 대한 관심을 갖게 된 것은 대학원을 진학하면서부터이다. 당시 백제토기를 연구할 수 있는 기초를 마련하는데 있어 유익한 시간을 보냈다. 특히 부여지방에서 은사이신 윤무병 선생님을 모시고 백제시대의 추정왕궁지, 나성, 능사, 정암리요지 등 도성 내, 외부에 있는 중요한 유적들의 발굴조사 경험은 백제토기를 연구하는데 있어 크나큰 도움이 되었다.

　필자는 1990년대 중반기부터 백제토기에 대한 여러 연구논문을 발표하게 되었다. 이 준비과정에서 백제토기에 대한 연구경향과 연구방향을 감지할 수 있었으며, 박사학위 과정을 준비하면서 기존의 연구성과가 갖는 한계성을 파악하게 되었고 앞으로의 연구방향을 설정할 수 있게 되었다. 백제토기에 대한 필자의 주요 개념은 제작기법, 공급체계, 지역차, 계층성 및 사회상에 대한 것이었는데, 이러한 연구방향에 의해 나온 결과물이 박사학위 논문인 『사비시대 백제토기 연구』였다.

　필자는 『사비시대 백제토기 연구』을 간행하고 난 다음 시기별로 한정된 아쉬움이 남아있었고, 최근 각종 발굴조사에 힘입어 자료가 급속도로 증가하여 백제토기의 전 시기에 대한 종합적인 연구가 절실하게 필요하다는 것을 느끼게 되었다. 그래서 서울, 경기도, 충청도, 전라도지방에서 출토된 토기자료를 모두 총망라하여 백제토기에 대한 연구를 준비하게 되었다. 이 책의 내용은 모두 8장의 내용으로 나뉘어져 있다. 필자는 지금까지 백제토기에 대해 다루어져 온 도서, 논문, 각종 보고서, 도록을 참조하여 백제토기 연구사를 다루어 보았다. 그리고 백제토기의 성립, 기종과 용도, 제작기법, 편년, 국제성과 개방성에 대하여 폭넓게 기술하려고 노력하였다.

이 책은 백제토기를 종합적으로 다루어 지금까지 없었던 새로운 지표를 열었다는 점에서는 필자가 위안을 삼을 수 있겠지만 지속적으로 발간되고 있는 백제고지의 토기자료를 모두 참고하지 못하는 등 여러 부분에서 부족한 점이 많을 것이며 세부적으로 간과해 버린 부분도 있었을 것이다. 이런 모든 미비점은 선학제현의 질정을 받아 끊임없이 수정·보완하고자 한다. 앞으로 이 책이 백제토기를 공부하는 데에 조금이라도 도움이 되길 바란다.

끝으로 어려운 여건 속에서도 출판을 흔쾌히 맡아주신 서경문화사의 김선경 사장님과 편집부 직원여러분께 감사의 마음을 전하고자 한다.

2007년 10월 김 종 만 씀

:: **차례**

제1장

머리말

백제토기는 한강유역에서 발원한 백제가 마한을 병합하고 국가를 형성한 이후 나당연합군에 멸망하는 7세기 중엽 경까지 백제인이 만들어 사용한 토기를 말한다. 『삼국사기』백제본기에 의하면 백제는 기원전 18년에 개국開國한 이후로 678년간 존속한 나라로 기록하고 있다. 백제가 고대국가로 진입하는 시기에 대하여 고고학계에서는 2세기설, 3세기설이 있으며, 대체로 3세기설을 따르고 있으므로 이를 토대로 한다면 백제토기의 사용 시기는 400년이 조금 넘는 것이다.

　　백제토기는 백제의 초기 도읍지였던 한강유역에서 형성 성립되어 금강유역에서 완성된 토기이다. 백제토기는 마한의 일원인 백제伯濟에서 고대국가 체제가 확립된 백제百濟로 이행하는 과정에서 계승된 토기와 새로 출현한 기종이 함께 사용되면서 삼국시대 토기의 일원으로 자리잡게 되었다. 백제는 삼국 중 가장 선진화된 국가로서 동아시아 문화교류의 선봉에 있었다. 백제토기가 성립되어 발전하는 과정은 매우 빠르게 진행되었으며, 백제인들은 백제적인 특징을 갖춘 토기를 지속적으로 개발하여 삼국 중에서 가장 많은 기종을 만들게 된다.

　　백제토기는 다양한 기종뿐만이 아니라 질감에서 우러나오는 우아

사진 1. 황해도 황주출토 고배

함, 유려한 곡선으로 이루어진 점이 특징적이다. 백제토기는 생산과 유통이 체계적으로 이루어져, 다원적인 공급체계가 확립된 것으로 보인다. 백제토기는 규격성을 갖고 있으면서 국제성, 개방성도 내포하고 있어 백제내부에서만 머무르지 않았다. 백제는 주변국에 토기를 만드는 제작기술을 전파할 수 있을 정도로 고도의 기술을 보유하고 있었던 선진국이었다는 점이 주목된다. 영산강유역을 포함한 남부지방에서는 백제토기의 등장이 백제의 영역확장과정과 관련하여 나타나고 있다.

　백제토기에 대한 연구는 일제강점기부터 이루어졌으나 시기구분, 용어 등에 어려운 점이 있었고 백제고지百濟故地에서 발견된 기종은 모두 백제토기라는 점이 부각되어 종종 마한 · 고구려 · 신라 · 가야토기가 백제토기로 기록되는 등의 오류가 있었다. 최근 백제토기 자료가 증가하여 종합적인 연구가 절실하게 필요하게 되었다.

　백제토기의 발견지역은 한반도의 중서남부지방에 한정된다. 이 지역 중에는 현재 우리가 실견할 수 없는 황해도 일부지방이 포함되고 있기는 하지만 서울, 경기도, 충청도, 전라도지방에서 출토된 토기자료를 중심으로 백제토기의 연구사, 성립, 기종과 용도, 제작기법, 편년, 국제성과 개방성에 대하여 기술하고자 한다.

제2장

연구사

백제토기는 일제강점기 일본학자 日本學者에 의해 처음 보고되었으나 연구의 성격이라기보다는 인식하고 있는 정도의 수준이었다고 할 수 있다. 백제토기의 기초적인 연구는 1950년대에 들어와 이루어지기 시작하였으며, 1980년대를 전후하여 본격적으로 국내학자에 의해 백제 토기에 대한 형식이 종합적으로 이루어졌다. 1980년대 백제토기의 연구는 백제고지 百濟故地에서 나오는 기종을 모두 백제토기로 분류하여 청동기시대 · 초기철기시대를 지나 곧바로 백제토기가 형성된 것으로 보았으며 대부분 그 연구결과를 비판하지 않고 그대로 따르게 되었다. 이 시기에 백제토기에 대한 통사적인 연구 성격과는 달리 지역별 토기에 대한 연구 성과가 나오기 시작하였다. 1980년대 중반 경 국가 경제의 발전 및 각종 행사유치에 따라 급격히 늘어나는 구제 · 긴급 등 학술조사에 의해 다량의 백제토기가 발견되어 시대별 · 지역별 연구에 더 한층 세심한 연구가 필요하게 되었으며, 한강 · 금강 · 영산강 등 큰 강을 중심으로 백제토기에 대한 연구가 진행되기에 이르렀다. 이때 한강유역의 석실분이 재검토되면서 출토된 토기에 대한 국가 소속문제가 불거지게 되었다. 1990년을 전후하여 한강유역에 대한 발굴조사가 계속 진행되고 지금까지 막연히 백제토기로 알았던 기종이 고구려토기 및 신라토기로 발표되면서 한강유역이 삼국시대에 복잡하고 매우 중요한 지역이었음을 알게 되었다. 한강유역의 관방유적闗防遺蹟이 발굴조사 됨에 따라 백제토기에 대한 연구가 대형유적을 매개체로 하여 시대별로 나타나기 시작하였다. 또한 기존에 백제토기로 알려진 것 중에 일본의 스에끼[須惠器]가 건너왔을 가능성을 제시한 연구논문도 발표되기도 하였다. 2000년대를 전후하여 한강유역의 백제 성터에 대한 조사에서 백제토기의 출현에 대한 시기문제가 대두하였다. 그러나 이 문제는 토기뿐만이 아니고 백제국 개시開始와 맞물려 중요한 문제로 떠오르게 되었다. 그리고 종래 백제토기라고 인식하여왔던 여러 기종이 백제 이전의 마한토기로 분류되면서 백제토기연구에 새로운 전기를 마련하기도 하였다.

지금까지의 백제토기 연구는 일정하게 생활유적보다는 고분유적 출토품을 중심으로 이루어져 백제의 사회상을 파악하는데 어려움이 있었다. 최근 백제의 생활유적 및 생산유적에 대한 학술조사는 백제토기를 연구하는데 있어 중요한 자료를 제공하고 있다. 지금까지는 유적에 따른 편년과 형식만을 강조하여 토기연구를 진행하여 왔다. 그러므로 자연 백제토기의 인식이 편향되고 연결이 이루어지지 않은 점이 있었다. 한성시기 토기에 대한 연구는 꾸준히 진행되어 백제토기 형성에 관한 적지 않은 자료가 축적되어 있지만 아직 백제토기의 형성시기에 대한 문제는 해결되지 않은 실정이라고 할 수 있겠다. 앞으로는 백제토기 제작기법에 대한 연구를 진행하고, 지역성에 대한 문제점도 살펴보아야 한다.

이하 백제토기에 대한 연구사를 통사, 지역사, 기종별, 기타 연구로 나누어 살펴보고자 한다.

1 통사通史

백제토기는 일제강점기 일본학자들에 의해 먼저 인식되었다. 백제 토기를 일본의 축부식祝部式, 신라의 토기와 비슷한 소성의 회색경질로 유약을 사용하지 않고 표면에 총목籠目, 格子文, 포목布目, 승문繩文 등의 문양이 있다고 보고, 토기의 바닥을 형태 구분하여 원저圓底, 평저平底, 고대형高臺形으로 3구분한 경부자은輕部慈恩의 『백제미술』이 있다.[1] 경부는 통일신라의 토기도 백제에 포함시키고 있어 당시 백제토기의 개념을 어떻게 정의하고 있었는지 알 수 있다. 1945년 이전의 한산성고지漢山城故地, 사비성고지泗沘城故地 출토 백제토기를 자료로 삼아 유약이 없는 것을 토도土陶, 유약이 있는 것을 도기陶器라고 정의하고, 토기의 소성도에 따라 식질토기埴質土器, 와질토기瓦質土器, 도질토기陶質土器로 삼분한 등택일부藤澤一夫의 연구도 있다.[2] 식질토기埴質土器는 적갈색 또는 다갈색茶褐色의 산화염소성된 것을 가리키는데 한강유역의 풍납동, 암사동에서 주로 발견되고 형태를 3개 유형으로 나누었으며 일본의 하지끼[土師器]와 비슷하다고 하였다. 와질토기는 연질로 표면이 유흑색黝黑色, 태토가 백색 또는 회백색을 띠고 정제된 점토를 사용한 것을 말하고 16개의 형태로 나누었다. 도질토기는 경질로 청회색, 암회색이 많고 형태는 22개로 나누었으며 일본의 스에끼와 같은 모습이라고 하였다. 그리고 백제토기의 기형과 문양 등을 통해 한대토기漢代土器와 관련이 있는 것으로 인식하였다. 경부자은은 백제토기를 간단하게 기술하고 있지만 백제토기에 대한 최초의 지적으로 가치가 있다. 그러나 백제토기에 대한 시대별, 지역별에 대하여는 전혀 거론하지 않

---

1 輕部慈恩, 1946, 『百濟美術』, 寶雲舍, pp.172~178.
2 藤澤一夫, 1955, 「百濟の 土器 陶器」『世界陶磁全集』13輯, 河出書房, pp.187~206.

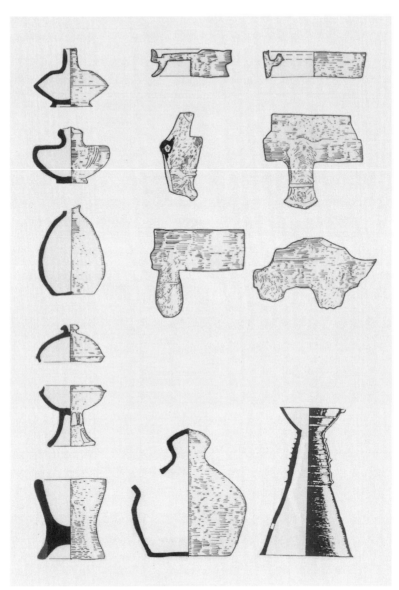

그림 1. 경부자은(輕部慈恩)이 본 백제토기 실측도

고 있어 당시 백제토기에 대한 인식의 정도가 어느 정도였는지 알 수 있다. 등택일부의 연구는 백제토기에 대한 최초의 기술적, 기형에 따른 체계적인 서술이라고 할 수 있으나 역시 지역적으로 한계가 있고 발굴유물이 아닌 채집 자료를 이용하여 논지를 전개하고 있어 세트관계와 기종별 시기구분 등 여러 군데에서 한계를 드러내고 있다.

1945년 이후 한국학자들에 의하여 실시된 생활유적, 고분유적에서 발견된 백제토기를 백제의 천도를 근거로 전기(한성시대), 중기(웅진시대), 후기(사비시대)로 나눈 뒤, 시기를 지역과 결부하여 한강지역(전기), 금강지역(중·후기), 전라도지역(전기~후기)으로 나누어 기술한 연구가 소전부사웅小田富士雄에 의해 진행되었는데,[3] 토기를 소성의 차이에 따라 적갈색연질토기, 회청색경질토기, 흑색마연토기로 분류하여 기종별로 설명하고 있다. 소전부사웅은 등택일부와는 달리 토기를 천도遷都라고 하는 시기를 지역과 결부하여 백제토기를 편년하고 있다는 점이 새로운 시도였지만 시기=지역이라는 점을 도식화하여 해당지역의 토기를 분석하지 않고 특정시기로 파악한 것은 잘못이라고 하겠다. 그리고 지역구분도 한강, 금강 등으로 시작하였으면 전라도지역이라고 하는 것을 지양하고 영산강유역으로 하여 큰 강을 중심으로 서술했으면 좋았을 것이다.

이후 국내학자에 의해 백제토기 연구가 시도되었다.[4] 경기도, 충청남도, 전라남북도에서 조사보고에 의해 얻어진 백제토기 자료를 대상으로 기원, 기종에 따른 형식, 편년을 시도한 안승주의 「백제토기의 연구」는 백제토기에 대한 본격적인 연구물이라고 할 수 있다. 그는 백

---

3 小田富士雄, 1979, 「百濟の土器」『世界陶磁全集−韓國古代』17, 小學館, pp.185~214.
4 안승주, 1979, 「백제토기의 연구」『백제문화』12집, 공주대학교백제문화연구소.

제토기를 호壺라는 기종을 대표로 해서 형태와 문양을 분류하고 그것을 통계 처리하여 얻어진 결과로 편년을 설정하여 백제 도읍천도와 맞추었으며, 호를 제외한 나머지 21개의 기종도 호의 편년에 대입하였다. 이에 근거하여 백제토기의 발달을 제1기(2~5세기), 제2기(6~7세기 중엽)로 나누었다. 그는 「백제토기의 개관」에서[5] 백제토기에 대하여 좀더 세분된 견해를 피력하고 있는데, 토기질土器質은 이전의 연질軟質 · 경질硬質에 와질瓦質을 포함시켰고, 기종은 40종으로 늘어났으며 생활토기에 대한 설명도 일부 개진하고 있지만 여전히 호를 근간으로 하고 있다. 백제토기의 연대를 이전의 2기 구분에서 좀더 세분하면서 출현시기도 앞당겨 초기(1세기 초반~3세기 초반), 전기(3세기 중반~4세기 후반), 중기(5세기 초반~6세기 초반), 후기(6세기 중반~7세기 중반)로 나누었다. 안승주의 백제토기 연구는 백제고분을[6] 다루면서 시작된 것이며 이전시기보다 종합적이지만 백제이전 토기의 양상, 지역차 등을 극복하지 못한 점이 있다.

한편 백제토기를 한강 · 금강 · 영산강유역의 수계水界로 대별하고 그 안에서 각각 분묘유적과 생활유적으로 나누어 토기를 개관하고 조합상 및 변화를 개략적으로 검토한 최완규의 「백제토기의 지역적 양상」이라는 연구도 있다.[7]

---

5 안승주, 1984, 「백제토기의 개관」『백제토기도록』, 백제문화개발연구원.
6 안승주, 1975, 「백제고분의 연구」『백제문화』7 · 8합집, 공주대학교백제문화연구소.
7 최완규, 2000, 「백제토기의 지역적 양상」『한국고대문화의 변천과 교섭』, 서경문화사.

2 지역사地域史

1) 서울·경기지역

서울·경기지역의 백제토기 연구는 한강유역의 관방關防과 경기지역에서 새로 확인되고 있는 고분군에서 수습한 토기를 중심으로 이루어지고 있다. 1960년대 한강유역을 중심으로 개발이 진행되는 과정에서 백제토기에 대한 새로운 인식이 일어나게 되었다. 풍납토성을 부분 발굴조사한 후 풍납동식무문토기와 경질토기의 구분이 이루어졌다. 경질토기 중에는 소위 '신라식토기'라고 표현한 것이 있었는데 백제토기를 지칭한 것으로 보이고, 이들 유물을 통하여 풍납토성의 연대가 삼국사기의 백제성립 기록처럼 1세기경~475년으로 보아 한성시대 백제토기 인식에 대한 새로운 지표가 김원룡에 의해 알려지게 되었다.[8] 또 김원룡은 가락동 2호분출토 토기류는 법천리출토 토기류와 같이 고구려 또는 낙랑의 영향 하에서 나온 것으로 보았으며 가락동 3호분출토 유개합(단각고배)은 신라토기로 보았다. 이로써 한강유역이 삼국의 각축장이었던 것을 토기로서 증명하는 계기를 마련하기도 하였다.[9]

일본의 학자들도 백제토기와 공반하는 중국도자기에 대한 관심을 표명하면서 백제토기의 계보에 대하여 추론하기 시작하였는데, 삼상차남三上次男의 「漢江地域發見の四世紀越州窯靑磁と初期百濟文化」와[10] 소전부사옹小田富士雄의 「四世紀の百濟土器-法泉里二號墓を中心に」는[11] 이

---

8 김원룡, 1967, 『풍납리토성내포함층조사보고』, 서울대학교고고인류학총간 3책.

9 김원룡, 1975, 「백제건국지로서의 한강하류지역」 『백제문화』 7·8합집, 공주대학교백제문화연구소.

10 三上次男, 1976, 「漢江地域發見の四世紀越州窯靑磁と初期百濟文化」 『朝鮮學報』 81집.

와 관련된 논문이다. 삼상차남은 원성군 법천리에서 발견된 각문평저호刻文平底壺(견부에 문양대가 있는 단경호), 승석문회도광구평저호繩蓆文灰陶廣口平底壺(심발형토기)는 중국 한식토기漢式土器를 원류로 한 낙랑식경질토기樂浪式硬質土器와 김해식경질토기金海式硬質土器와 계보를 같이하면서 중부지방에서 토착화한 백제극초기百濟極初期의 한강식경질토기漢江式硬質土器일 가능성을 제시하였다. 그러나 한강유역에는 원성군 법천리에서 발견된 동진제東晉製 자기류(4세기 중기)가 사용될 때 가야식·신라식경질토기와 동질동계통同質同系統의 백제식경질토기는 없는 것으로 추론하였다. 소전부사웅은 법천리출토 심발형토기, 단경호를 검토하면서 한식토기와 고구려토기의 영향을 받아서 백제토기가 형성된 것으로 보았다. 월주요越州窯 청자가 부장된 중국의 동진묘 연대와 대비하여 4세기경 백제토기가 제작되고 있음을 강조한 것이다. 또한 그는 법천리 백제토기에 이어서 천안 화성리에서 발견된 광구호, 파수부배가 공반한 월주요 청자의 연대를 참고하여 4세기 후반경의 백제토기 편년연구자료로 제시하기도 하였다.[12]

한강유역의 백제토기에 대한 심도 있는 연구가 무말순일武末純一에 의해 진행된 바 있다.[13] 즉 한강유역의 외곽은 가평 마장리→화성 백곡리→원주 법천리출토 토기로 변천하고, 한강의 중심지에 있는 석촌동과 가락동은 적석총→방분→소원분이라고 하는 계층구조에 따라 백제토기도 발전한 것으로 보았다. 그러나 가락동·방이동의 구릉상에 축조된 횡혈식석실분에서 출토한 단각고배, 병은 백제토기와는 다

11 小田富士雄, 1983,「四世紀の百濟土器」『古文化論叢』, 藤澤一夫先生古稀記念論集.
12 小田富士雄, 1982,「越州窯靑磁를 伴出한 忠南의 百濟土器-4世紀의 百濟土器 其二」『백제연구』특집호, 충남대학교백제연구소.
13 武末純一, 1980,「百濟初期의 古墳-石村洞·可樂洞古墳群を中心に」『鏡山猛先生古稀記念論攷』.

른 것일 가능성을 제시하기도 하였다.

또한 백제초기 묘제에 대한 발굴조사에서 수습된 토기에 대한 연구가 임영진林永珍에 의해 발표되었는데,[14] 석촌동일대와 방이동일대의 토기를 모두 백제토기로 보고 한성시대라는 편년을 내린바 있다. 그러다가 「한성시대 백제의 건국과 한강유역 백제고분」에서[15] 방이동일대의 석실분에서 발견되고 있는 단각고배를 신라로 정정하고 있다. 그리고 「백제초기 한성시대 토기연구」에서[16] 백제토기는 3세기 중엽경 서울 강남지역에서 서북한지방의 토광묘문화와 연결된 토기를 바탕으로 중국 양자강유역과 한강상류 중도문화의 토기요소가 가미되어 성립한 것으로 파악하여 고구려토기와 무관하다고 하였다. 백제토기의 발전과 확산은 한강 북쪽보다는 동쪽과 남쪽으로 빠르게 진행되었으며 4세기대에는 전북지역에 다다른 것으로 보았다. 그리고 한성시대 백제토기는 생활용과 부장용이 동일기종이더라도 시기적으로 차이가 있는 것은 실용토기 가운데 전통성이 강한 제한된 특수토기만이 부장용으로 사용되었기 때문이라고 하였다.

그리고 한강유역의 풍납토성, 몽촌토성, 방이동고분, 가락동고분, 구의동유적 등에서 발견된 토기류 중 일부를 검토하여 편년과 지역성을 검토한 연구논문이 정삼수부定森秀夫에 의해 발표되기도 하였다.[17] 정삼수부는 몽촌토성출토 토기중 삼족반과 유개삼족반을, 석촌동출토품은 견부에 문양대가 있는 단경호와 중국도자기를 시기별로 분류

---

14 임영진, 1987, 「석촌동일대 적석총계와 토광묘계 묘제의 성격」『삼불김원룡교수 정년퇴임기념논총-고고학편』.

15 임영진, 1994, 「한성시대 백제의 건국과 한강유역 백제고분」『백제논총』4집, 백제 문화개발연구원.

16 임영진, 1996, 「백제초기 한성시대 토기연구」『호남고고학보』4집, 호남고고학회.

17 定森秀夫, 1989, 「韓國ソウル地域出土三國時代土器について」『生産と流通の考古學』, 橫山浩一先生退官記念論文集 I.

사진 2. 풍납토성(항공촬영)

사진 3. 몽촌토성(항공촬영)

하였다. 즉 삼족반을 3단계로 나누고 Ⅰ단계=한성시대 후기, Ⅱ·Ⅲ 단계=웅진시대로 편년하였다. 유개삼족반은 A·B계로 나누고 A계= 한성시대 후기, B계=한성시대 후기~웅진시대로 편년하였다. 석촌동 고분 출토 단경호와 중국도자기는 한성시대로 편년하였다. 그러나 방 이동·가락동고분 출토 병·고배는 신라가 한강유역을 점령한 6세기 중엽~7세기 초까지로 편년하였다. 정삼수부의 편년과 시기적인 문제 는 탁견이라 할만한 시도였지만 몽촌토성출토품 중 일부유물을 웅진 시기로 편년한 것은 너무 시기를 내려본 것이 아닌가 한다. 이와 비슷 한 시기에 윤환은 한강유역의 횡혈식석실분(가락동·방이동)의 형성과 정이 고구려의 남하와 신라의 한강유역 점령이라는 2개의 역사적 사 실에 입각하여 나타난 것으로 보고 이곳에서 출토한 단각고배·병류 를 신라토기로 보았다.[18] 윤환은 정삼수부와 동일한 견해이지만 고분 의 구조에 대한 이해도 구하고 있어 포괄적이라 할 수 있다.

　백제토기의 지역별 편년수립을 위한 시도의 하나로서 한강유역의 몽촌토성에서 출토한 한성시대 토기류를 검토한 연구논문이 박순발 에 의해 발표되었다.[19] 그는 몽촌토성에서 출토한 토기를 몽촌유형과 구의동유형으로 대별하여 백제토기와 고구려토기를 구분하였으며 백 제토기의 출현시기는 3세기말~4세기초로, 구의동유형의 출현은 5세 기 중엽경으로 보았다. 이후『백제국가의 형성연구』에서 백제국가의 성립에 특정 토기양식의 형성 및 분포의 통일성이 고고학 지표가 되 는 것으로 파악하고 흑색마연토기로 대표되는 몽촌유형을 백제초기 토기양식으로 정했으며 그 출현시기는 이전보다 약간 빠른 3세기 중

---

18 尹煥, 1989,「漢江下流域における百濟橫穴式石室-可樂洞·芳荑洞石室墳にし て」,『古文化談叢』20(中), 九州古文化硏究會.
19 박순발, 1989,「한강유역 백제기 변천과 몽촌토성의 성격에 관한 일고찰」, 서울 대학교석사학위논문.

엽으로 추정하였다. 박순발의 한강유역 초기 백제토기에 대한 편년작업은 이후 많은 연구성과를 내게 되었다.

한편으로 백제토기의 출현이 3세기 중엽보다 앞서 등장한다는 견해도 제기되었다. 신희권은 풍납토성의 성벽조사에서 3세기 중후반을 경계로 나타나고 있는 흑색마연토기, 고배, 삼족기 등이 성벽절개조사에서 발견 예가 없음을 들어 2세기경에 축조되기 시작하여 3세기를 전후한 시점에 성벽이 완료된 것으로 보았다. 초축시기 개시점에 대하여 중심토루에서 발견된 승문+선이 있는 심발형토기를 예로 들었다.[20] 신희권의 풍납토성 개시점에 대한 의견은 기존의 연대관보다 빠른 것이어서 백제토기 형성시기에 대한 논쟁의 초점이 되었으며, 신종국도 백제토기의 성립을 2세기 말엽까지 끌어올려 보고 있다.[21] 이러한 논쟁은 최근 풍납토성 경당지구 발굴조사를 통하여 다시 보정되고 있어 흥미롭다. 한지선은 풍납토성 경당지구 109호출토 토기류가 백제고대국가 형성단계에 있어 이전시기의 계승토기와 신기종이 결합된 것으로 보았으며 편년도 박순발이 제시한 편년관에 동의하고 있다.[22]

이 외에 한강유역을 포함한 중부지역 3~4세기대 고분에서 출토한 백제토기를 기종 및 형型을 기준으로 발생순서배열법에 의해 유적별 상대편년을 시도한 김성남의 논문과[23] 경기 서남부지역에서 수습한 백제토기에 대한 김무중의 연구도 있다.[24]

---

20 신희권, 2001, 「풍납토성의 축조기법과 성격에 대하여」『풍납토성의 발굴과 그 성과』, 한밭대학교향토문화연구소.
21 신종국, 2002, 『백제토기의 형성과 변천과정에 대한 연구』, 성균관대학교석사학위논문.
22 한지선, 2003, 『토기를 통해서 본 백제고대국가 형성과정 연구』, 중앙대학교대학원석사학위논문.
23 김성남, 2000, 『中部地方 3~4世紀 古墳群 一研究 』, 서울대학교석사학위논문.

2) 충청 · 전북지역

충청 · 전북지역의 백제토기 연구는 금강유역을 중심으로 이루어지고 있다. 금강유역출토 백제토기에 대한 초기의 연구는 고분출토품을 중심으로 이루어졌지만 1980년대 이후 백제문화권개발사업의 일환으로 추정왕궁지를 포함한 생활유적출토 백제토기에 대한 연구도 진행되고 있다.

금강유역 백제토기 연구는 연산지방고분출토 토기에 대한 분석으로 시작되었다. 윤무병은 「연산지방의 백제토기 연구」에서[25] 백제토기의 지방형식을 밝히는 것을 목적으로 연산지방의 고분에서 발견된 토기류에 대한 기종, 계통, 분포상황을 검토하여 연대 및 백제적 요소에 대하여 언급하였다. 이 연구에 의하면 연산지방의 백제토기는 신흥리고분군, 표정리고분군의 2개 지역으로 나누어 살펴볼 수 있는데, 신흥리지역은 고배형기대 · 난형동체의 호 · 소형 파수부배를 기간基幹으로 5세기 전반경의 연대를, 표정리지역은 개배 · 삼족토기 · 단경평저호를 기간으로 5세기 후반경으로 보았다. 특히 백제적인 특색을 가장 농후하게 나타내는 것으로 삼족토기와 개배를 들었는데, 두 기종은 일정기간 혼용되어 사용되고 삼족토기는 개배에 다리를 부가함으로서 나타난 기종으로 보았다. 백제 개배는 무뉴식, 삼족토기는 유뉴식을 기본으로 하여 제작되었으며, 백제 개배는 5세기 이전에 제작되었을 가능성을 제시하기도 하였다. 그리고 연산지방 토기에 나타난 백제적인 요소로 고배나 기대에 뚫린 원형투공, 원저호의 구경이나 고배의 다리에 있는 나팔형의 개구부開口部, 표정리토기에 남아있는 타

---

24 김무중, 2003, 「백제한성기 지역토기 편년」『한성기 백제고고학의 제문제(1)』, 서울경기고고학회.

25 윤무병, 1974, 「연산지방의 백제토기 연구」『백제연구』10집, 충남대학교백제연구소.

사진 4. 공주 공산성(항공촬영)

사진 5. 부여 일원(항공촬영)

날문의 활용 등을 꼽았다.

　사비시기 도읍지인 부여지방출토 유개호와 대형호를 대상으로 화장장골용기, 옹관에 대한 연구도 진행되었다. 강인구는 「백제의 화장묘」에서[26] 부여지방에서 발견되고 있는 화장장골용기를 분석하여 내부에 부장된 개원통보를 통하여 7세기 전반이라는 편년을 하고 구조형식에 따라 단호식單壺式, 단완식單盌式, 중완식重盌式, 심호다완식心壺多盌式, 도옹식倒甕式, 외호내호식外壺內壺式이 있다고 보았다. 또한 「백제의 호관묘」를[27] 통하여 부여지방에서 생활용기인 구연부口緣部가 바라진 항아리를 이용하여 만든 옹관묘를 '호관묘'라는 명칭으로 부르고, 6세기 중엽에 나타나 7세기 전반경 불교의 보급으로 성행한 화장분묘에 흡수 소멸한 것으로 보았다.

　금강하류인 익산을 포함한 전북지역 백제토기분석을 통하여 백제가 남하하기 이전에는 영산강유역의 옹관묘문화가 나타나기도 하고 가야문화도 일부 나타난다고 본 최완규의 「전북지방의 백제토기에 대하여」라는[28] 연구논문도 있다.

　금강유역에 산재해있는 백제고분을 수혈식·횡혈식·횡구식석실분으로 나누고 각 형식에서 나오는 기종을 비교 분석한 이남석의 「백제 석실분 연구」가[29] 있다. 분석결과 각 유형의 석실분의 부장품은 토기의 조합상에 차이가 있고, 개별 기종간에도 고분 유형에 따라 변화된 형식적 차이가 있음을 밝혀냈다. 수혈식석실분에서는 5세기 초반

26 강인구, 1972, 「백제의 화장묘」『고고미술』115, 한국미술사학회.
　 강인구, 1975, 「백제의 화장묘」『백제문화』7·8합집, 공주대학교백제문화연구소.
27 강인구, 1977, 「백제의 호관묘」『백제고분연구』, 일지사.
28 최완규, 1986, 「전북지방의 백제토기에 대하여」『고고미술』169·170, 한국미술사학회.
29 이남석, 1995, 『백제 석실분 연구』, 학연문화사.

바닥 전면에 부석이 있는 시기에는 기대 · 광구호, 5세기 중반경에 이르면 병형토기 · 삼족토기, 5세기 말기에 이르면 개배가 추가되어 부장된다고 보았다. 횡구식석실분은 단경호가 우세하면서 원저광구호, 기대, 삼족토기, 개배 및 병형토기가 부장된다고 하였다. 횡혈식석실분의 부장토기는 다양하지만 수량은 상대적으로 열악하고 호, 개배, 병형토기가 주로 부장된다고 하였다.

또한 3~5세기 중서부지방의 토착문화가 백제 사회로 어떠한 과정을 거치며 변화되었는지를 살펴본 성정용의 『중서부 마한지역의 백제영역화과정 연구』가[30] 있다. 중서부지방의 재지적인 토기인 원저호를 부장하던 시기(마한)에 한강유역에서 사용하던 흑도와 광구장경호라는 백제양식토기가 매납 확산되는 시기가 백제가 한강이남지방에 강력한 지배체제를 구축하는 것으로 보았다. 보령 · 서천지방의 백제고분에서 발견된 백제토기를 연구한 김종만은 「충남서해안지방출토 백제토기연구」에서[31] 금강하류역에서 나타나는 지방양식을 밝히려고 하였으며, 특히 서해안지방을 따라 나타나고 있는 무뉴식삼족토기를 '서해안양식'이라고 지칭한 바 있다. 한편 김용민은 「백제 사비기토기에 대한 일고찰-부소산성출토 토기를 중심으로」에서[32] 부소산성에서 발견된 토기류에 대한 검토를 하면서 고구려토기와의 관련설을 제기하고, 토기의 제작기법에 대하여 설명하였다.

또한 금강유역출토 백제토기에 나타난 제작기법, 생산유통, 사회적

---

30 성정용, 2000, 『중서부 마한지역의 백제영역화과정 연구』, 서울대학교박사학위논문.

31 김종만, 1995, 「충남서해안지방 백제토기연구-보령 · 서천지방을 중심으로」『백제연구』25집, 충남대학교백제연구소.

32 김용민, 1998, 「백제 사비기토기에 대한 일고찰-부소산성출토 토기를 중심으로」『문화재』31호, 문화재관리국.

배경 등 백제후기양식토기를 연구한 김종만의 「百濟黑色瓦器考」, [33] 「사비시대 백제토기에 나타난 지역차 연구」, [34] 「泗沘時代 灰色土器의 性格」, [35] 『사비시대 백제토기 연구』 등의 [36] 연구서도 있다.

3) 전남지역

전남지역은 영산강유역을 중심으로 백제토기 연구가 이루어지고 있다. 영산강유역의 백제토기 연구는 생활유적보다는 옹관묘, 석실분과 관련하여 분석을 시도한 논문이 주를 이룬다. 영산강유역의 옹관묘 연구는 더욱 발전하여 영산강유역만의 독자적 토기양식을 인정하면서 백제토기가 이입되는 단계설정에 대한 다양한 견해가 제시되고 있다. 영산강유역의 반남고분군과 시종고분군출토 옹관에 부장된 토기류를 분석한 성낙준의 「영산강유역 옹관고분 출토토기에 대한 일고찰」 [37]은 이 지역 토기에 대한 최초의 연구물이다. 영산강유역의 옹관묘에 대해 부장된 토기류를 중심으로 옹관의 유형을 연구한 이정호의 「영산강유역 옹관고분의 분류와 변천과정」도 [38] 있다.

5세기 중엽 영산강유역의 변천을 토기를 통해 살펴본 박순발은 「4~6세기 영산강유역의 동향」이라는 [39] 글에서 '영산강유역토기양식'

---

33 김종만, 1995, 「백제흑색와기고」『한국사의 이해』, 경인문화사.
34 김종만, 2000, 「사비시대 백제토기에 나타난 지역차 연구」『과기고고연구』7집, 아주대학교박물관.
35 김종만, 2003, 「泗沘時代 灰色土器의 性格」『湖西考古學報』제9집, 湖西考古學會.
36 김종만, 2004, 『사비시대 백제토기 연구』, 서경문화사.
37 성낙준, 1988, 「영산강유역 옹관고분 출토토기에 대한 일고찰」『전남문화재』창간호, 전라남도.
38 이정호, 1996, 「영산강유역 옹관고분의 분류와 변천과정」『한국상고사학보』22, 한국상고사학회.
39 박순발, 1998, 「4~6세기 영산강유역의 동향」『백제사상의 전쟁』, 충남대학교백제연구소.

사진 6. 나주 복암리 2호분

사진 7. 광주 월계동고분

榮山江流域土器樣式이라는 용어를 설정하였다. 그는 영산강유역의 재지계 토기인 장경호·유공호 등의 토기류에 백제 개배가 추가됨으로써 영산강유역토기양식이 완성되었다고 보고, 백제 개배는 백제지역 내에서 자체적인 발전을 가져와 형식 변천을 이루었다고 하였다.

영산강유역출토 옹관묘와 출토토기를 분석하여 시기별로 차이점을 살펴본 이영철의 『영산강유역 옹관고분사회의 구조 연구』라는[40] 글도 있다. 이영철은 영산강유역에서 발견된 옹관묘를 4기로 크게 나누고 그 안에서 출토토기에 대해 연구한 것으로, Ⅰ기는 이중구연호·유견 광구호가 유행하는 대표 기종이며 양이부호·단경호·발형토기·장란형토기의 각 Ⅰ형식이 사용되고, Ⅱ기는 장경호·유공호·경배가 대표적인 기종이며 단경호 Ⅱ형식이 사용되고, Ⅲ기는 경배가 소멸되고 개배·고배가 새로 등장하고 장경호·유공호 Ⅱ·Ⅲ형식·양이부호 Ⅲ형식이 사용되고, Ⅳ기는 병형토기가 등장하고 개배·고배·장경호·유공호가 사용되는 것으로 보았다.

최근 영산강유역에서 확인된 삼국시대 토기를 4단계로 설정하여 분석한 서현주의 『영산강유역 삼국시대 토기 연구』는[41] 영산강양식과 외래계 토기로 대별하여 연구를 시도하였다. 백제토기도 영산강유역에 있어서는 외래계의 범주에 넣었는데, 5세기말~6세기 초에 이르러 비로서 영산강유역에 백제토기가 등장하는 것으로 보았다. 영산강유역은 6세기 중엽 백제의 영역화과정을 통하여 토기가 백제화하는 것으로 보았다.

---

40 이영철, 2001, 『영산강유역 옹관고분사회의 구조 연구』, 경북대학교석사학위논문.
41 서현주, 2006, 『영산강유역 고분 토기 연구』, 서경문화사.

3 기종별 연구

　기종별 연구는 호, 삼족토기, 병, 고배, 도연, 심발형토기, 완에 대한 연구가 있다. 호에 대한 연구는 화장장골용기, 양이부호, 이중구연호와 같은 것에 한정되어 있다. 재등충齋藤忠은 「扶餘發見の壺の一型式」에서[42] 부여지방에서 발견된 화장장골용기를 모아 용기 내부에서 나온 오수전과 개원통보를 통하여 형식과 연대를 고찰하였다. 서현주는 「이중구연토기 소고」에서[43] 지금까지 백제토기로 인식되던 이중구연토기를 집성하여 기종과 몸체 형태에 따라 9개 형식으로 나누고, 각 형식의 시기적·지역적 양상을 살펴보았다. 이중구연토기는 서울을 비롯하여 금강중·하류지역, 영산강유역 등 비교적 넓은 지역에 걸쳐 분포하고 시기적으로는 3~4세기대에 집중되며 호남지역에서는 6세기대까지 확인된다고 하였다. 그리고 이중구연토기는 마한이라는 정치체와 관련된 토기로 보았다. 또한 지금까지 백제토기로 알려져 왔던 양이부호兩耳附壺를 모아 형식, 편년, 성격에 대해 분석을 시도한 결과 마한토기로 재해석한 김종만의 「마한권역출토 양이부호 소고」도[44] 있다.

　벼루에 대한 연구는 구조양식을 중심으로 분석하고 있다. 백제 벼루는 사비시기 부여지역에서만 나타나고 다리의 형태에 의해 2개의 형식으로 구분되며, 일반토기와는 달리 사지寺址나 건물지建物址에서만 출토되는 것으로 보았다. 백제 벼루의 변천과정은 백제 삼족토기에서 영향을 받아 불교적인 문양이 있는 것으로 변하고 신라토기의 서진西

42　齋藤忠, 1973, 「扶餘發見の壺の一型式」『新羅文化論攷』, 吉川弘文館.
43　서현주, 2001, 「이중구연토기 소고」『백제연구』33집, 충남대학교백제연구소.
44　김종만, 1999, 「마한권역출토 양이부호 소고」『고고학지』10, 한국고고미술연구소.

進으로 받침[趾]이 있는 것으로 변천하는 것으로 보았다. 벼루가 등장하는 계기를 동아시아 정세에 맞추어 문서행정을 기초로 한 선진의 통치제도를 도입하는 과정에서 백제 지배층의 의도가 반영된 기종으로 보았다. 강인구의 「백제 도연에 대하여」와[45] 산본효문山本孝文의 「백제 사비기의 도연」이[46] 대표적이다.

병에 대한 연구는 서성훈의 「백제의 토기병 고찰」이[47] 있다. 그는 백제지방에서 발견된 토기병을 형태에 따라 세경병細頸瓶, 횡병橫瓶, 장경병長頸瓶, 정병淨瓶으로 나누어 고찰하였다. 그 결과 우리나라 고대 병은 삼국시대 중반기에 출현하였고, 세경병은 고분에서 발견 예가 많고 그 분포가 신라지역에 이른다고 하였으며, 장경병과 정병은 불교와 관련하여 나타난 것으로 보았다.

기대에 대한 연구는 서성훈의 「백제기대의 연구」가[48] 있다. 이 연구 논문에서 그는 백제지역에서 발견된 기대를 원주형圓柱形, 고배형高杯形, 반장고형半長鼓形 등 3개 유형으로 대별하고, 기대에 나타난 장식문양도 3개 형식이 있는 것으로 보고, 그것을 풍납리·공주·부여지역으로 나누어 지역성과 편년을 시도한 바 있다.

삼족토기에 대한 연구는 가장 백제적인 기종을 다룬다는 점에서 다른 것보다 비교적 연구성과가 많은 편이다. 삼족토기는 백제 초기부터 말기까지 사용된 기종으로 발생, 형식분류, 편년을 시도하고 확산과 소멸에 대한 성과물들이 있다. 이석구·이대행은 「백제삼족토기연구」에서[49] 삼족토기에 대한 형식분류를 삼족의 형태에 따라 원형족·

---

45 강인구, 1971, 「백제 도연에 대하여」『백제문화』5집, 공주대학교백제문화연구소.
46 山本孝文, 2003, 「백제 사비기의 도연」『백제연구』38집, 충남대학교백제연구소.
47 서성훈, 1980, 「백제의 토기병 고찰」『백제문화』13집, 공주대학교백제문화연구소.
48 서성훈, 1980, 「백제 기대의 연구」『백제연구』11집, 충남대학교백제연구소.
49 이석구·이대행, 1987, 「백제삼족토기연구」『공주사대논문집』25집, 공주대학교.

각형족, 뚜껑의 유무에 따라 유개식·무개식, 배신의 형태에 따라 편평·원형으로 구분하였다. 삼족토기의 발생은 웅진시대 이후로, 6세기 후반부터 성행한 것으로 보았다. 삼족토기는 중국 남조의 청동초두, 다리부착 도자기의 영향으로 나타나 백제특유의 토기로 발전시킨 것으로 보았다. 삼족토기는 원형족→각형족, 원저→평저로 발전하였으며, 용도는 공헌기貢獻器로 단정하였다.

삼족토기를 반盤과 배杯로 대별하고 다시 유개식과 무개식으로 나누어 17가지 형식으로 세분한 윤환·강희천의 「百濟 三足土器의 一研究」가[50] 있다. 삼족토기의 시기적인 변화양상은 1단계(4세기 초엽~5세기 초엽, 한강유역을 중심으로 중앙세력의 생활용기로 다양한 형식이 사용됨.), 2단계(5세기 중엽~6세기 초엽, 배형으로 단일화되고 주체세력보다 하위 집단과 관련된 고분유적에서 출토하기 시작하며 생활용에서 부장용으로 변화하기 시작함.), 3단계(6세기 중엽~백제멸망기, 제사공헌용기의 단일용도로서 서해안지역의 고분에서 집중적으로 출토되는 것으로 파악하고, 사용지역과 제작지역이 뚜렷이 구분된다고 함.)로 구분하였다. 삼족토기는 중국 청동기·도자기, 원삼국토기 및 고구려토기 등 다원적으로 영향에 의해 4세기 중엽경에 나타나는 것으로 추측하였고, 6세기 중엽 이후에 삼족토기의 사용과 사용계층이 일정하게 통제된다고 보았다.

백제지역의 삼족토기를 집성하여 형식분류, 편년을 시도하고 확산과 소멸에 대하여 연구한 강원표의 『백제 삼족토기의 확산과 소멸과정 연구』라는[51] 글이 있다. 그는 삼족토기 뚜껑의 유무에 따라 유뉴식

---

50 윤환·강희천, 1995, 「百濟 三足土器의 一研究」『고대연구』4집, 고대연구회.
51 강원표, 2001, 『백제 삼족토기의 확산과 소멸과정 연구』, 고려대학교석사학위논문.

과 무뉴식으로 몸체의 형태에 따라 반형과 배형으로 분류하였으며, 삼족토기는 백제 초기부터 말기까지 사용된 기종으로 보았다. 삼족토기는 Ⅰ기(3세기 중·후반~5세기 중반, 삼족토기가 처음으로 출현하는 시기), Ⅱ기(5세기 중반~6세기 중반, 삼족토기가 고분부장품으로 사용되기 시작하고 전국적으로 확산하며, 지방의 토착세력의 고분에서도 부장품으로 발견되고 시기), Ⅲ기(6세기 중반~7세기 중반, 부여·논산·익산 등의 중심지역에서 소멸되어 가는 시기)로 구분하였다. 삼족토기는 제사용기이며, 지방통치체제와 백제의 고유신앙의 보급에 따라 지방으로 확산한 것으로 보았다.

이 외에 백제시대 삼족토기에 대한 연구로는 토전순자土田純子의 『백제토기의 편년연구』가[52] 있다. 이 논문은 삼족토기를 일원배치분산방법을 실시하여 다중비교법을 통해 속성을 판별분석한 것으로 토기의 지역적 차이를 밝히는데 주력한 것이다.

심발형토기에 대한 연구는 중서부지방출토품을 집성하여 출현, 성격을 다룬 박순발의 「심발형토기고」가[53] 있다. 그는 심발형토기를 6단계로 나누고 중서부이남 지방에서는 3세기 전반~중엽경에 나타나고, 한강유역에서 출현한 승문계가 중서부이남 지역으로 확산되는 것을 백제의 영역확장과 관련지어 분석하였다.

지붕의 굴뚝으로 사용한 연가煙家에 대한 논문도 있다. 김용민의 「백제 연가에 대하여」와[54] 김규동의 「백제토제 연통시론」이라는[55] 글이 있다. 최근 상기 논문에서 부여 관북리 수혈주거지에서 확인된 토관을 연통으로 본 것에 대해 허의행은 「토기조 우물에 대한 고찰」이라

---

52 土田純子, 2004, 『백제토기의 편년연구』, 충남대학교석사학위논문.
53 박순발, 2001, 「심발형토기고」 『호서고고학』4·5집, 호서고고학회.
54 김용민, 2002, 「백제의 연가에 대하여」 『문화재』35집, 국립문화재연구소.
55 김규동, 2002, 「백제 토제 연통시론」 『과기고고연구』8집, 아주대학교박물관.

는[56] 글에서 우물통으로 보고 있어 새롭다.

또한 사비시기에 유행한 완을 연구한 김종만의 「백제후기토기완의 양상과 변천」[57]이라는 논문도 있다. 그리고 「백제 개배의 양상과 변천」에서[58] 김종만은 개배의 형식분류와 분포도를 작성하고, 개배가 시기적으로 어떠한 양상으로 변천을 하고 있으며, 백제의 영역변천에 나타난 개배의 지역적 수용과 전개는 어떻게 나타나고 있는지에 대하여 살펴보았다.

4 용도·문양별 연구

기종별연구와는 달리 백제토기를 기종별로 나눈 다음 기종에 맞는 용도를 구한 논문이 등장하게 되었다. 백제토기에 대한 용도는 아직 논의 단계에 있지만 생활용기와 장제용기로 나눈 산본효문山本孝文의 「백제 사비시기 토기양식의 성립과 전개」라는[59] 연구가 있다. 그리고 백제시대에 만들어진 취사용기에 대해 폭넓게 연구한 정종태의 『백제 취사용기의 유형과 전개양상』이라는[60] 논문도 있다. 중서부지역의 4세기대 토광묘에서 출토한 토기의 시문기법을 연구한 전경아의 『백제

---

56 허의행, 2004, 「土器造 우물에 對한 考察」『錦江考古』창간호, 충청매장문화재연구원.
57 김종만, 1999, 「백제후기 토기완의 양상과 변천」『동원학술논문집』2, 한국고고미술연구소.
58 김종만, 2002, 「백제 개배의 양상과 변천」『고고학지』13집, 한국고고미술연구소.
59 山本孝文, 2005, 「백제 사비시기 토기양식의 성립과 전개」『백제 사비시기 문화의 재조명』, 국립부여문화재연구소.
60 정종태, 2006, 『백제 취사용기의 유형과 전개양상』, 충남대학교대학원석사학위논문.

토기의 시문기법」이라는 글이 있다.[61] 또한 토기의 표면에 나타난 조족문을 통해 마한토기의 한 범주로서 연구를 진행한 박중환의 『조족문토기고』도[62] 있다.

5 기타

1990년대 들어 주로 금강유역과 영산강유역의 백제토기와 일본 스에끼(계)가 공반하는 것에 대해 국내 연구자는 물론 일본학자들의 관심이 집중되고 있다. 주정청치酒井淸治는 「韓國出土の須惠器類似品」에서[63] 백제고지百濟故地의 청주·나주지역에서 발견된 개배, 유공호有孔壺에 대하여 기존의 백제토기와는 형태, 제작기법이 다르고 일본의 스에끼[須惠器]와 유사한 것이 포함되어 있다고 지적하고 일본 도읍陶邑 집단과의 교류나 스에끼 유사품의 일부는 일본에서 건너왔을 가능성을 제시하였다.

한국에서 확인된 왜계토기倭系土器를 스에끼계라는 명칭을 붙여 사용할 것을 지적한 목하선木下亘은 주로 백제고지에서 출토된 것 중에는 스에끼로 볼 수 있는 것도 포함되어 있다고 하였다.[64] 최근 몽촌토성과 풍납토성 출토 외래계유물을 분석한 권오영은 「풍납토성 출토

---

61 전경아, 2001, 『백제토기의 시문기법』, 공주대학교석사학위논문.

62 박중환, 1999, 「鳥足文土器考」『고고학지』제10집, 한국고고미술연구소. 이 논문보다 앞서 일본에서 수습되고 있는 조족문이 시문된 토기를 한식계토기로 보고 백제토기의 영향으로 일본에 나타나는 것으로 본 학자가 있다.(田中淸美, 1994, 「조족タタキと百濟系土器」『韓式系土器硏究』V, 韓式系土器硏究會.).

63 酒井淸治, 1993, 「韓國出土の須惠器類似品」『古文化談叢』30(中), 九州古文化硏究會.

64 木下亘, 2003, 「韓半島出土 須惠器(系) 土器에 대하여」『百濟硏究』37집, 충남대학교백제연구소. pp.21~36.

외래유물에 대한 검토」에서[65] 왜계토기의 출현이 미미하지만 한성시기부터 이루어진 것으로 보고 있다. 문화라고 하는 큰 틀에서 보면 어느 한쪽에서 일방적으로 보내는 형식의 것은 있을 수는 없다. 그런 의미에서 왜계토기의 등장은 당연한 것으로 생각되나 왜계토기가 백제토기에 어떠한 영향을 주었는지는 아직 밝힐만한 단계에 있다고 생각되지는 않는다.

이상에서 백제토기의 연구사를 통사, 지역사, 기종별, 용도·문양별, 기타로 나누어 살펴보았다. 삼국시대 문화를 선도했던 백제가 개방적이고 국제적인 감각을 갖고 있었던 만큼 토기문화도 상당했다는 것은 다 알고 있는 사실이다. 백제토기에 대한 연구는 앞으로 많은 부분이 보완되고 다듬어져야 한다. 백제토기에 대한 기종구분뿐만이 아니라 용도에 대한 연구도 지속되어야 한다. 특히 자연과학과 연계하여 태토분석을 통한 산지추정에 대한 연구를 심화시켜야 할 것이다.

---

65 권오영, 2002, 「풍납토성 출토 외래유물에 대한 검토」『백제연구』36, 충남대학교 백제연구소.

제3장

성 립

1 마한토기

『삼국사기』에 백제는 기원전 18년에 성립한 국가로 기록하고 있다.
그러나 이 시기는 백제가 한강유역에 내려와 마한의 한 갈래에 속한
소국에 지나지 않았다. 그래서 힘이 미치는 지역도 한강유역의 일부
에 지나지 않았으므로 진정한 의미에서 볼 때 고대왕국으로 진입하기
전 단계에 해당한다.

그러므로 백제 이전의 마한에 대한 정황을 알아보고 그들의 토기에
대해 살펴보는 것이 백제토기를 이해하는데 도움이 될 것이다. 마한
은 주지하듯 한강유역을 비롯하여 충청도, 전라도에 이르기까지 54개
국이 「국國」의 형태를 유지하면서 진국을 중심으로 반도의 중서남부
지방에서 중국 등 주변국과 자체적으로 교류를 하고 있었던 것이 『삼
국지』「위지」동이전에 기록되어 전한다. 백제는 마한의 일국一國이었기
때문에 마한에서 제작한 토기의 실체를 살펴보는 것이 계승적 차원에
서의 백제토기와 신기종으로서의 백제토기를 파악하는데 기준이 될
수 있다. 마한토기에 대한 이해가 없었기 때문에 이전의 연구에서는

마한토기를 백제토기로 간주하는 경우가 종종 있었다. 그러나 근년에 이르러 마한토기에 대한 인식이 새롭게 마련되면서 진전을 보이고 있다.[66]

마한토기는 청동기시대 무문토기를 계승한 경질무문토기를[67] 시작으로 타날문토기에 이르기까지 기종이 다양하다. 최근의 연구에 의하면 경질무문토기는 타날문토기와 전래시기를 달리하고 있으며 먼저 이입된 경질무문토기가 후에 들어온 타날문토기의 기형을 모방하는 과정에서 기형상의 변화 양상이 나타나는 것으로 보고 있다.[68] 지금까지 경질무문토기는 중부지역에서 서울 풍납토성을 비롯하여 경기도와 이웃하고 있는 춘천 중도 등 주로 생활유구에서 확인되고 있다. 경질무문토기는 내반구연호 · 외반구연호 · 시루 · 완 · 뚜껑 등의 기종

---

66 마한토기는 원삼국토기의 범주에 드는 것으로 백제가 고대 왕국으로서의 기틀을 마련한 지역의 토기가 포함된다.
  성정용, 1999,「중서부 마한지역의 백제영역화과정 연구」, 서울대학교박사학위 논문.
  金鍾萬, 1999,「馬韓圈域 兩耳附壺 小考」『考古學誌』10, 한국고고미술연구소. pp.49~78.
  서현주, 2001,「이중구연토기 소고」『백제연구』33집, 충남대학교백제연구소. pp. 37~67.
67 '경질무문토기'는 '종말기 무문토기', '말기무문토기', '중도식토기' 등으로도 불린 바 있다. 여기에서는 '경질무문토기'라는 표현을 사용하고자 한다.
  김양옥, 1987,「경질무문토기시론」『최영희선생화갑기념한국사논총』.
  정징원 · 신경철, 1987「종말기 무문토기에 관한 연구-남부지방을 중심으로 한 예비적 고찰-」『한국고고학보』20, 한국고고학회.
  부산대학교박물관, 1989,『늑도주거지』.
  이홍종, 1991,「중도식 토기의 성립과정」『한국상고사학보』6, 한국상고사학회.
  박순발, 1998,『백제 국가의 형성 연구』, 서울대학교대학원박사학위논문.
  최병현, 1998「原三國土器의 系統과 性格」『한국고고학보』38, 한국고고학회.
68 한지선, 2003,「토기를 통해서 본 백제고대국가 형성과정 연구」, 중앙대학교대학 원석사학위논문, p 34.

으로 구성되어 있다.

경질무문토기 외반구연호의 경우 타날문토기와의 공반 기간 동안 그 형태 및 정면기법 등에서 복잡한 모방양상을 보이는데 2세기말에서 3세기초가 되면 경질무문토기의 타날문토기 모방양상은 절정에 이른다. 이후 경질무문토기는 3세기 초중반 심발형토기와 장란형토기와 같은 타날문토기로 대체되고 한강유역, 금강유역 인근에서 낙랑토기의 영향을 받은 기종이 등

사진 8. 경질무문토기(풍납토성 경당 지구 1구역)

장하면서 일부 기종이 소멸한다. 낙랑토기는 충남의 아산 갈매리 · 탕정, 천안 두정동에서도 확인되고 있어[69] 그 영향이 매우 컸던 것으로 보인다.

경질무문토기는 3세기 중엽경 백제토기 성립기 단계에 접어들면서 외반구연호나 시루 등의 기종은 소멸하는데 반해 무문심발이나 완류 등은 타날문토기의 수용과 더불어 제작기술이 발전한다. 경질무문토기 소멸 이후 타날문토기가 성행하면서 일상생활유적은 물론 분묘에도 다양한 타날문토기가 부장되고 있다.

타날문토기로 대체된 이후 분묘유적에서는 외반구연호, 심발형토기가 조합되어 나타나고 금강하류지역을 중심으로 한 서해안 일대에

69 이남석 · 서정석, 2000, 『斗井洞遺蹟』, 공주대학교박물관.
　이상엽, 2007,「牙山 湯井 밝지므레 遺蹟 발굴조사」『季刊 한국의 고고학(여름호)』,
　주류성, pp90~101.

는 양이부호, 이중구연토기, 조형토기鳥形土器가 등장하여 새롭게 마한 토기의 기종을 추가하고 있다. 양이부호는 서해안지역의 서천, 서산 지방에서 낙랑의 토기제작기술을 받아들여 만든 토기로 점차 금강의 중류인 공주, 대전, 청주 등지로 파급되었다. 양이부호는 서울의 한강 유역에도 일부 유입이 이루어지다가 백제문화의 확산과 더불어 마한 권역이 전라도지방으로 좁혀지면서 남부지방의 분묘유적에서 확인되 고 있다. 양이부호는 백제문화의 확산에도 불구하고 5세기 전반기까 지 금강유역에서 재지세력에 의해 사용되었다.

한편 이중구연토기도 양이부호와 마찬가지로 마한의 분묘유적에서 확인되고 있는 주요 기종으로 자리잡았다. 이중구연토기는 부여 논치 와 공주 남산리를 비롯하여[70] 금강유역, 영산강유역에서 많은 출토 양 을 보여준다. 조형토기는 금강 하류의 서천, 익산지방과 영산강유역 의 나주지방 등 서해안을 따라 발견되는 기종이다. 부여 논치 제사유 적의 광구평저호는 영산강유역의 평저호와 흡사한 기형이라서 상호 양지역간 문화교류의 지표로 삼을 수 있다.[71] 마한토기 중에는 토기의 어깨부분에 톱니무늬를 압날한 것이 포함되고 있는데 호류壺類, 장란 형토기, 주구토기注口土器, 영산강유역의 옹관 등에서 확인되고 있다.[72]

마한토기에서 볼 수 있는 특징적인 현상으로는 주거지 생활토기와 분묘토기가 마한의 영역내에서 비슷한 양상을 보이면서 발전해 가고 있으며 마한의 존립과 더불어 한강유역에서 점차 남쪽지방으로 확장

---

70 김종만 · 신영호 · 안민자, 2001, 『公州 南山里 墳墓群』, 국립공주박물관.
    국립부여박물관, 2007, 『부여 논치 제사유적』.
71 국립부여박물관, 2007, 『부여 논치 제사유적』, p63 도면 23-5.
72 김승옥, 1997, 「거치문토기:정치적 권위의 상징적 표상」『한국고고학보』36, 한국고 고학회.
    조성숙, 2004, 「肩部押捺文 土器에 대한 研究」, 한신대학교대학원석사학위논문.

사진 9. 장란형토기(호남지방)

사진 10. 심발형토기(부여 논치)

사진 11. 주구토기(공주 안영리)

사진 12. 조형토기(서산 고북면 남정리)

사진 13. 양이부호(호남지방)

사진 14. 이중구연토기(호남지방)

하다가 백제의 성장으로 인해 마한의 문화적인 영역이 축소되면서 남부지방에서만 재지적인 요소가 강하게 남아있다. 특히 양이부호, 이중구연토기와 시루는 전라남도 서해안유역의 남부지방에서 일본 구주지방九州地方의 서신정유적西新町遺蹟에서 보는 바와 같이 한반도 도래인渡來人에 의해 일본에 파급되기도 하였다.[73]

남부지방에서는 마한의 토기가 영산강유역만이 가질 수 있는 독특한 형태의 토기문화로 발전하여 영산강유역토기문화를 형성하게 된다. 영산강유역토기문화의 형성은 마한의 축소와도 깊은 관련이 있으며 5세기 말을 전후하여 백제토기의 영향을 받으면서 점차 소멸한다.[74]

2 백제토기의 등장과 발전

백제토기가 한강유역에서 출현한 것에 대하여는 이론이 없다. 백제토기의 출현에 대해서 몽촌토성과 석촌동고분군 등에서 수습된 토기류가 성립기 백제토기의 중심 기종으로 알려져 왔으나[75] 최근 풍납토성의 발굴조사를 통하여 백제토기의 최초 기형으로 보았던 것보다 빠른 시기의 토기류가 알려지면서 백제토기 성립기에 대한 기종과 편년이 약간 수정되고 있다.

기존의 백제토기 성립과정은 고배, 삼족토기, 직구단경호, 반류盤類 및 기대 등의 출현을 그 분기점으로 삼아 왔으나 풍납토성 경당지구

---

73 福岡縣教育委員會, 2000 · 2002, 『西新町遺蹟 II · IV』.

74 서현주, 『영산강유역 고분토기 연구』, 학연문화사.

75 박순발, 1989, 『한강유역 백제토기 변천과 몽촌토성의 성격에 관한 일고찰』, 서울대학교석사학위논문.

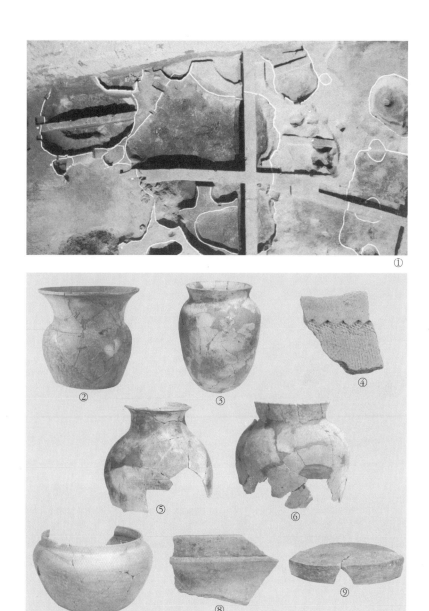

사진 15. 풍납토성 경당지구 101유구(①) 및 출토 토기류(②~④ 대형단경호, ⑤·⑥ 중형단경호, ⑦ 광구단경호, ⑧ 이중구연토기편, ⑨ 뚜껑)

의 101호 유구에서 흑색마연이 있는 직구광견호, 광구단경호 등 기존의 성립기 토기보다 선행하고 있는 신기종의 백제토기가 확인된 것이다.[76] 풍납토성 경당지구 101호 유구의 연대는 중국제 오수전과 시유도기로 살펴볼 때 3세기 중후반의 양상을 보여주는 것으로 보고되고 있다.[77] 앞으로 선행 시기의 유구가 나타나서 백제토기의 출현시기가 올라갈 가능성을 부정할 수는 없지만 3세기 중후반의 연대는 고대국가의 충족요건 중 하나인 고총高塚의 등장시기와도 부합하고 있어 백제토기 출현시점은 당분간 지속될 전망이다. 백제토기에는 전통양식을 계승하여 백제화한 것과 새롭게 나타난 신기종이 있다.

1) 전통양식의 계승

사진 16. 장란형토기(몽촌토성)

전통양식을 계승한 것으로는 호류壺類, 장란형토기長卵形土器, 심발형토기深鉢形土器, 시루[甑], 완盌 등이 있다. 이들 전통양식을 계승한 토기들은 경질무문토기와 공반하면서 발전해왔으며, 타날문 제작기법이 수용되면서 백제토기로 거듭나게 되었다. 이 기종들은 일상생활용, 고분부장용이 있으며 광범위하게 확인되고 있는 것은 일상생활용이다. 백제토기가 등장하고 발전하는 과

---

76 권오영, 2001,「풍납토성 경당지구 발굴조사의 성과」『한밭대학교개교제47주년기념학술발표대회요지문』, 한밭대학교향토문화연구소, pp37~58.

77 한신대학교박물관, 2003, 『풍납토성Ⅲ』, pp. 128~129.

정에서 전통양식을 계승한 기종은 한강유역에서 남부지역에 이르기까지 변화의 속도가 약간 다르다. 이러한 변화양상은 백제가 재지세력을 복속하는 과정에서 시기적으로 달리 나타나고 있는 현상이며, 남부지방에서는 비교적 늦은 시기까지 전통양식이 남아있다.

금강유역은 웅진시기가 되면 백제토기 일색으로 변화하고 있는데, 영산강유역은 5세기 말~6세기 초에 들어와서야 개배와 같은 일부 기종만이 수용되며 나머지 기종은 전통양식의 재지기종을 선호하고 있다. 이것은 마한의 토착세력이 백제문화를 수용하는 과정이 정치적으로 영역을 복속했던 시점보다는 오랜 기간 시간을 두고 서서히 이루어졌다는 것을 의미하기도 한다. 그러나 토착세력이 백제의 일원이 되면서 그들이 전통적으로 사용하던 토기문화도 백제화가 이루어져 전통양식은 점차 기형이 변해가거나 소멸한다.

2) 신기종의 출현

백제가 고대국가로 발돋움 하면서 그들만의 표지적인 토기를 개발하게 되었는데, 전통양식의 토기류와는 전혀 다른 형태의 토기들로 흑색마연이 있는 직구광견호, 광구단경호, 무개고배, 뚜껑 등이 있다. 이들 기종은 백제의 발전과 더불어 영역확장과정을 통해서 남부지방에 전파되었다. 이들 기종의 출현에 관하여는 낙랑토기 제작기술의 영향으로 보는 견해가 유력하다.[78] 백제가 발전하는 과정에서 고배,

---

78 이성주, 1991,「原三國時代 土器의 類型, 系譜, 編年, 生産體系」『韓國古代史論叢』 2, 한국고대사회연구소.

김길식, 2001, 「삼한 지역 출토 낙랑계 문물」『낙랑』, 국립중앙박물관.

신종국, 2002, 『百濟土器의 形成과 變遷過程에 대한 硏究』, 성균관대학교석사학위논문.

권오영, 2003,「物資·技術·思想의 흐름을 통해 본 百濟와 樂浪의 交涉」『漢城期百濟의 物流시스템과 對外交涉』, 한신대학교학술원 제1회 국제학술대회.

사진 17. 각종 흑색마연토기(①·② 서울 석촌동, ③ 천안 화성리, ④ 서울 가락동, ⑤·⑥ 천안 용원리)

사진 18. 시유도기(풍납토성)　　　　　사진 19. 전문도기(풍납토성)

삼족토기가 추가되고 개배 또한 수용되었다. 이들 기종은 일상생활용
으로 처음 만들어지기 시작하였으며 점점 고분부장용으로도 사용되
었다.

　신기종의 등장은 동아시아에 있어 문화의 흐름과 궤를 같이하고 있
는데 주로 중국과의 문화교류를 통하여 이입된 중국도자기 및 금속제
품에서 많은 영향을 받은 것으로 보인다. 백제토기 출현의 시발점으
로 알려지고 있는 풍납토성에서 다량 확인되고 있는 시유도기施釉陶器
와 전문도기錢文陶器 등은 그 대표적인 증거물품들이다. 신기종은 금강
유역의 재지계 집단에 전파되고 있으며, 중국 청자류와 공반하고 있
어 백제토기의 확산과정이 어떻게 이루어졌나를 잘 살펴볼 수 있다.

3) 백제토기의 발전

　4세기말 백제는 영역확장에 따라 문화적으로 크게 신장하게 된다.
백제는 거점지역을 마련하여 정치뿐만이 아니라 문화확산의 루트를

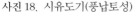

박순발, 2003,「百濟土器 形成期에 보이는 樂浪土器의 影響」『百濟와 樂浪』, 충남
대학교백제연구소 2003년도 백제연구 국내학술회의.

마련하게된 것으로 보인다. 경기도 군포, 충남 홍성, 서천 봉선리, 익산 입점리, 함평 예덕리 등 서해안을 따라 내려가면서 백제중심세력의 토기문화가 나타나고 공주 수촌리와 같은 내륙의 재지세력에게 신기종을 전파하고 있다. 이로보아 백제는 한성시기에 이미 금강유역과 영산강유역의 일부지역에 통일된 백제토기문화를 확산시키고 있음을 알 수 있다. 금강유역에서 나타나는 광구장경호, 직구광견호, 직구호, 삼족토기, 장군[橫瓶] 등은 이를 잘 대변하고 있다. 이와 같은 양상은 군산 산월리, 부안 죽막동과 같은 유적을 통해 웅진시기 전기까지 계속해서 서해안을 따라 내려간다.

 백제토기는 웅진시기 후기에 들어와 또 한번의 큰 변화를 겪는다. 고구려의 침략으로 정치적으로 불안했던 웅진시기 전기를 지나 백제 천도세력이 귀족세력을 아우르면서 웅진시기 후기에는 금강이남지방이 정치 · 문화적으로 안정된 기반에 접어들었다. 이러한 상황 하에서 주변국과의 문화교류를 통해서 선진화된 토기문화의 기조를 수용하여 백제토기의 기종도 상당히 늘어나게 되었다. 특히 사비천도를 전후한 시기에는 적극적인 문화교류를 통해 얻어지는 자료를 대폭 수용하고 백제화하여 많은 기종을 개발하게 되었는데 기대, 자배기, 등잔, 연가, 벼루 등 다양한 기종이 더욱 발전하게 된다. 백제토기는 시기적으로 기종의 선호도에 따라 발전하면서 백제화가 이루어지며 사비시기에 실용적인 면에서 정리되고 완성된다.

제4장

기종(器種)과 용도(用途)

1 기종의 분류

　백제토기를 기종별로 분류하면 호, 장란형토기, 병, 기대, 완, 자배기, 개배, 고배, 접시, 시루, 심발형토기, 연가, 벼루, 삼족토기, 사족토기, 호자, 변기, 등잔, 전달린토기 등으로 크게 나눌 수 있다. 여기에 각종 기종을 세분화하고 특수기형을 더하면 그 종류는 더욱 많이 늘어난다.

　백제토기는 크기, 구연부의 형태, 굽의 유무, 다리의 형태 등에 따라 기종이 세분되고 있다. 호壺는 크기에 따라 대형호, 중형호, 소형호로 나눌 수 있고, 구연부의 형태에 따라 장경호, 단경호, 직구호, 광구호로 나눌 수 있다. 호는 받침[臺]의 유무有無에 따라서도 구분되고 있다. 호는 쓰임새에 따라 뚜껑의 유무도 중요하다. 대형호의 경우 시기에 따라 전혀 새로운 기법에 의해 제작된 뚜껑을 사용하고 있는 경우가 있기 때문에 분류가 다양해질 수 밖에 없다. 소형호는 2개를 붙여한 번에 두 가지를 담아 운반할 수 있도록 만든 것도 있다. 그리고 소형호 중에는 백제의 기형으로 보아야할지 아니면 그 시기에 문화교류의 영향으로 나타난 것인지 자세히 알 수 없는 기형도 포함되어 있다.

병도 마찬가지이다. 병은 액체를 담는 것이지만 구연부나 굽의 유무에 따라 기형에 대한 명칭이 다르다. 병은 목의 형태에 따라 단경과 장경이 있으며, 모양에 따라 자라병, 횡병, 정병, 유공횡병, 양이부병, 반구병, 환상병 등이 있으며 구순 한쪽에 반구의 형태를 부착한 배부병杯附甁 등 다양하게 확인되고 있다. 장경병 중에는 굽의 유무에 따라 차이가 있다. 병은 시기나 지역에 따라 강한 지역 색이 반영되는 자료이다. 병은 아니지만 액체를 담아서 따르는 용기 중에 유공호를 들 수 있다.

다리의 형태에 따라 분류되는 기종이 있다. 백제시대의 다리가 달린 접시는 고배, 삼족토기, 사족토기 등이 있다. 이들 기종은 다리의 형태에 따라 달리 표현되고 있다. 즉, 둥근 대족이 달린 것은 고배라고 하며, 다족多足인 것은 삼족토기 혹은 사족토기라고 한다. 삼족토기는 백제고지에서 확인되는 가장 특징적인 토기로 주변지역에서는 잘 나타나지 않는 기형임에 틀림없다. 소형호, 완에 삼족이 부가된 것도 있으나 양은 매우 적은 편이다. 사족토기는 삼족토기와 같은 기형이지만 4개를 부착하고 있는 것으로 시기적으로 한정되고 소량이 확인되고 있다. 다리의 형태로 분류되는 것 중에 벼루가 있다. 다리가 있는 기종 중에 밑이 둥근 호壺를 받치는 것으로 기대가 있다.

얕고 평평한 기형으로는 접시가 있다. 접시는 굽의 유무에 따라 시기적으로 달리 나타나고 있는데, 굽이 없는 것은 이른 시기부터 출현하고 굽이 있는 접시는 사비시기의 특징이라고 할 수 있다. 접시와 비슷한 형태 중에 한성시기 부터 출현하는 것으로 개배가 있다. 개배는 뚜껑과 몸체가 한 짝이 되어야만 부를 수 있는 것이지만 몸체만 확인되어도 개배라고 부르고 있다. 백제 중앙정부에서 개배의 수용은 복잡한 과정을 이루며 다시 남하하는 과정을 거치고 있지만 영산강유역에서는 매우 특이한 형태가 확인되고 있다. 즉 개배 한 짝을 상하로 붙이고 다시 배를 횡으로 부착하고 구멍을 뚫어 액체가 나오도록 고안한 배부개배杯附蓋杯가 있다. 또한 접시의 양 가장자리에 대칭으로 전을 부착하여 손으로 들기 쉽게 만든 이배형토기耳杯形土器도 확인되고 있다.

액체를 담아 놓거나 나르는 기종으로 자배기를 들 수 있다. 자배기는 손잡이가 부착되는 경우가 많으며 대칭 혹은 4군데에 대상파수가 있다. 사발과 같은 형태를 완 또는 합이라고 부르고 있으나 완이라는 명칭으로 부르고자 한다. 완은 굽이 있으면 대부완, 전이 부착되면 전달린토기라고 한다. 완보다는 크고 넓적하게 만든 반盤이 있는데 굽이나 손잡이가 달려있는 것도 있다.

실내에서 난방에 의해 만들어진 연기를 굴뚝을 통해 실외로 배출할 때 굴뚝의 상부를 장식하던 토기가 새로 확인되고 있는데 연가煙家라고 한다. 연가는 최근에도 옹기로 만들어져 백제고지에서 사용되고 있는데 전통이 매우 오래 지속되고 있는 기종이라고 생각된다.

금강유역의 산성과 영산강유역의 장고형고분에는 원통형토기가 확인되고 있는데, 타지역에서는 볼 수 없는 기종이다. 이 기종은 일본 전방후원분의 주위를 장식하는 분주토기墳周土器들과의 관련성이 지적되고 있다.

2 용도

백제토기의 용도는 일상생활용기, 제사용기, 부장용기로 분류할 수 있다.[79]

---

79 山本孝文, 2005,「百濟 泗沘期 土器樣式의 成立과 展開」『百濟 泗沘時期 文化의 再照明』, 국립부여문화재연구소, pp.129~160.
홍보식, 2005,「삼한·삼국시대의 조리시스템」『선사·고대의 요리』, 복천박물관, pp.156~168.

사진 20. 대형단경호(① 풍납토성 경당지구 상층, ② 몽촌토성, ③ 부여지방, ④ 부여
　　장암)

사진 21. 중형단경호·광구장경호(①풍납토성 현대 가-3호주거지, ②서울 석촌동, ③·⑧몽촌토성, ④청주 신봉동, ⑤나주 덕산 신촌리 4호 옹관, ⑥화성 마하리 9호 석곽, ⑦논산 육곡리, ⑨풍납토성 현대 가-2호주거지, ⑩청원 주성리, ⑪논산지방, ⑫무안 맥포리)

사진 22. 쌍호(①풍납토성 현대 가-2호주거지), 유공호(②무안 사창리), 직구호(③풍납토성 현대 가-2
호주거지, ④공주 산의리, ⑤나주 대안리 9호 경관, ⑥서천 문산리, ⑦고창 대기부락), 광구단경호
(⑧서울 석촌동, ⑨풍납토성 경당지구 9호, ⑩몽촌토성), 다기(⑪ · ⑫ 분강 · 저석리)

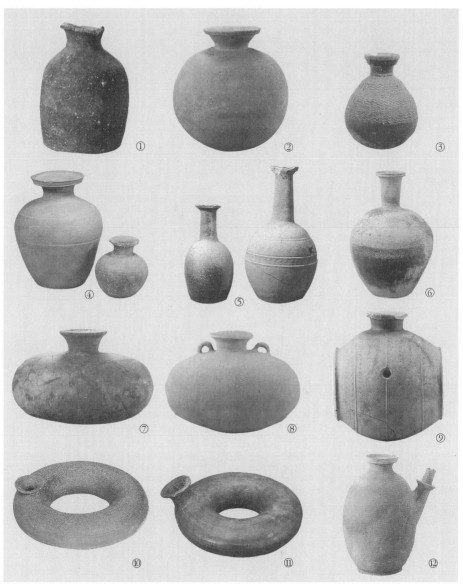

사진 23. 각종 병(①·⑦몽촌토성, ②공주 옥룡동, ③논산 표정리 당골, ④공주 산의리, ⑤부여 동
남리, ⑥나주 대안리 4호, ⑧군포 부곡, ⑨고창 봉덕리, ⑩광양 용강리, ⑪ 서울 구의동, ⑫부여 관
북리)

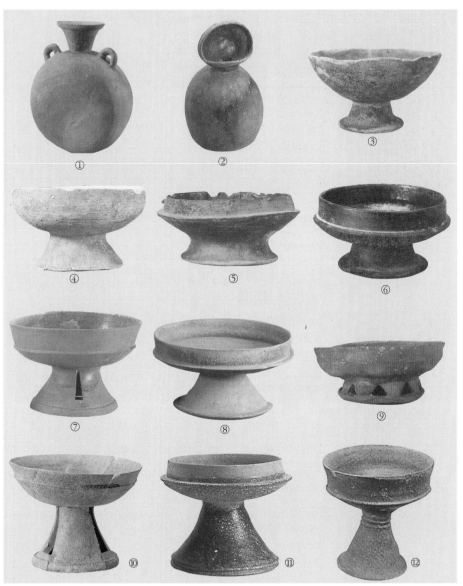

사진 24. 병(①해남 용운리, ②청원 주성리), 고배(③·⑤서울 석촌동, ④·⑥몽촌토성, ⑦공주 무령
왕릉 봉토, ⑧논산 모촌리, ⑨고창 봉덕리, ⑩부안 죽막동, ⑪나주 복암리 1호분, ⑫함평 신덕)

사진 25. 삼족토기(①~④몽촌토성, ⑤홍성 금당리, ⑥공주 송산리 방대형계단, ⑦광주 월계동, ⑧서천 비인 장포리, ⑨논산 표정리, ⑩보령 구룡리, ⑪영암 설매리), 사족토기(⑫고창 장곡리)

사진 26. 개배(①몽촌토성, ②나주 신촌리 9호분), 기대(③·⑧몽촌토성, ④나주 덕산리, ⑤논산지방, ⑥분강·저석리, ⑦풍납토성, ⑨청주 신봉동, ⑩공주 정지산, ⑪공주 송산리고분, ⑫부여 신리)

사진 27. 이배형토기(①몽촌토성), 접시(②부여 관북리 추정왕궁지), 자배기(③부여 정암리요지, ④부
여 염창리), 시루(⑤몽촌토성, ⑥예산 대흥리), 완(⑦서울 석촌동, ⑧풍납토성 가-3호주거지, ⑨부여
정암리요지), 반(⑩풍납토성 현대 가-유물포함층), 벼루(⑪공주 공산성 연지, ⑫부여 정암리요지)

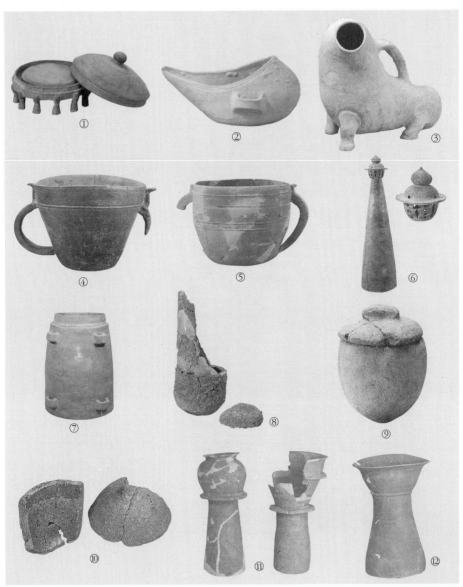

사진 28. 벼루(①부여 쌍북리), 변기(②부여 군수리), 호자(③부여 군수리), 파배(④청주 신봉동, ⑤고
창 석교리), 연가(⑥부여 능사), 우물통(⑦부여 관북리 수혈건물지), 도가니(⑧부여 관북리 추정왕
궁지, ⑨익산 왕궁리, ⑩부여 부소산폐사지), 분주토기(⑪나주 신촌리 9호분, ⑫함평 중랑)

사진 29. 공주 수촌리고분 출토 각종 토기류

사진 30. 청주 신봉동고분 출토 각종 토기류

1) 일상생활용기 日常生活容器

백제토기는 생활유적에서 발견되는 기종이 가장 이른 시기의 연대를 갖고 있으므로 일상생활용기로서 시작되었다고 할 수 있다. 일상생활용기가 용도에 따라 구별되었던 시기를 정확하게 알 수 없지만 한성시기부터 꾸준히 필요에 따라 개발되었을 것으로 짐작된다. 일상생활용기는 토기의 쓰임에 따라 저장용貯藏用, 운반용運搬用, 조리용調理用, 배식용配食用, 문방구용文房具用, 다기용茶器用, 특수용特殊用으로 세분할 수 있다.

저장용은 호류와 병이 있다. 호는 크기에 따라 다양하게 사용되었던 것을 알 수 있다. 호는 크기에 따라 대·중·소형으로 구분되는데, 일상생활용으로는 대형과 중형이 많이 사용되었다. 대형호는 한성시기 부터 사비시기에 이르기까지 집의 내부에서 확인되는 것이 많아서 곡물이나 액체를 담았던 것으로 보인다. 서울 풍납토성, 하남 미사리, 화성 석우리 먹실유적, 포천 자작리, 파주 주월리에서 확인된 한성시기의 대형호는 주거지의 바닥을 얕게 파 묻어 넘어지지 않도록 하였다. 파주 주월리 96-7호 주거지에서 수습된 8개체의 대형호 내부에서는 조, 콩과 같은 곡물이 출토되기도 하였다.[80] 사비시기의 유적인 부여 쌍북리 18호 건물지 내부에서는 대형호 3개체가 수습되었는데, 액체를 담았던 것으로 추정되고 있다.[81] 부여 능사 공방지1의 서쪽기단에 연접하여 확인된 중형호는 공방의 담금질시설로 물을 저장하는 용기로 사용되었다.[82] 액체를 담아 필요한 만큼 따라서 사용하는 것으로 각종 병과 유공호를 들 수 있다.

---

80 경기도박물관, 2006, 『한성백제』.
81 충청문화재연구원, 2005, 『부여 쌍북리 유적』.
82 국립부여박물관, 2000, 『능사』.

사진 31. 대형단경호 출토 상황(부여 쌍북리 18호 건물지)

　운반용은 호류, 자배기, 호자, 변기를 들 수 있다. 백제와 풍습이 비
슷한 고구려의 예를 살펴보면 안악3호분 우물 그림에 나오는 호와 자
배기를 통해 짐작할 수 있다. 호류는 저장용으로서의 기능이 크지만
많은 액체를 담아 나르는 데에도 유용하게 사용되었을 것이다. 서울
풍납토성 우물터에서 확인된 소형단지는 두레박으로 이용된 예가 있
다. 최근 칠을 담았던 소형의 그릇들이 확인되고 있다. 부여 궁남지의
소형호, 부여 능사 공방지1의 뚜껑과 부소산성의 완 등은 칠이 담겨
있었는데, 후자는 공헌貢獻된 칠을 덜어 사용한 것이라고 생각이 들지
만, 전자는 생산지에서 직접 그릇에 담아 보낸 것으로 보인다.

　조리용은 취사용으로도 부를 수 있으며 장란형토기, 자배기, 심발
형토기, 시루, 파수부반把手附盤이 있다. 조리용 중 자배기와 시루는 음
식을 끓이거나 데치는데 사용하는 것으로 밥이나 죽을 만드는데 주로
사용하는 것이며, 반찬을 조릴 때는 오늘날의 후라이팬과 같은 파수

사진 32. 주방그릇(안악 3호분)

사진 33. 운반용기(안악 3호분)

사진 34. 칠용기(부여 능사 공방지1)

부반이 필요했을 것이다. 자배기와 시루는 외양은 동일하지만 바닥에 원형의 구멍이 뚫려있는 것이 다르다. 특히 부여 용정리 소룡골 건물지에서 수습된 시루에는 '증'甑이라는 한자가 기록되고 있어 당시 용도에 따라 용기의 적용이 분명했다는 것을 알 수 있다.

배식용은 완류, 접시류, 소형호류가 있다. 배식용은 계급에 따라 종류가 다르게 나타날 수 있는 것이다. 배식용의 주종은 완류였다고 할 수 있는데, 밥과 국 종류를 담았을 것이다. 반찬그릇으로 이용된 접시류는 내용에 따라 다양하게 사용되었을 것으로 보이며 복숭아모양 접시, 높은 굽이 달린 접시, 얕은 굽이 달리고 몸체의 깊이가 있는 접시, 얕은 굽이 달리고 몸체가 편평한 접시, 삼족토기, 고배 등 형태에 따라 다양하게 사용되었을 것으로 보인다. 또한 생활유적에서 확인된 반찬그릇으로는 간장 등 양념을 담을 수 있는 쌍호雙壺, 소형직구호 등을 들 수 있다. 과일을 담을 수 있는 것으로 고배형기대, 반형삼족토

그림 2. 벽화에 나타난 그릇의 쓰임새(무용총)

기를 들 수 있다. 고구려 무용총에 그려진 반형삼족토기에는 떡과 같은 것이 가득 담겨 있는 것을 볼 수 있다.

다기용은 다기와 다완이 있다. 다기는 직구호에 소형의 원공을 여러 개 뚫고 귀때(注口)를 붙여 만든 것이 있다. 다완은 여러 형식의 잔이 이에 해당할 수 있다.

문방구용은 벼루와 연적이 있다. 벼루는 연면硯面의 형태에 따라 사각연, 원형연이 있다. 다리의 형태에 따라 무족식, 대각식, 대족식이 있다. 대각식은 시기가 올라갈수록 다리의 숫자가 적고, 후기로 갈수록 많아지는 특색을 갖는다. 무족식·대족식은 사비시기에 나타나는 형태이다. 연적으로는 배부개배杯附蓋杯가 알려지고 있지만 확언할 수 없고 액체를 담을 수 있는 소형의 완이나 잔이 사용되었을 가능성이 있다.

특수용은 일반적으로 널리 사용된 것은 아니며 특수계층이 사용한

사진 35. 부여 능사 공방지2 등잔 출토상황

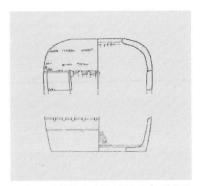

그림 3. 다투창단지(부여 동남리) 실측도

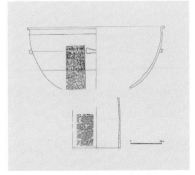

그림 4. 우물통(익산 왕궁리) 실측도

것을 의미한다. 이 기종으로 호자, 변기, 연가, 다투창단지, 장고형기대, 도가니, 우물용 토기, 등잔을 들 수 있다. 특수용은 건물의 내부를 밝히거나 공방工房과 같은 작업장에서 사용하는 것과 건물의 장식으로 이용된 것이 포함되고 있다. 다투창단지는 중국에서 '온수기'溫水器 혹은 '훈

사진 36. 양기(추정)

로'薰爐로 분류되고 있는 것이다. 우물용토기는 사비시기에 주로 사용되고 있으며 자배기형 대형토기, 우물통을 만들어 사용하고 있다. 특수용은 장고형기대를 제외하고 모두 부여, 익산을 중심으로 확인되고 있어 사비시기에 특수계층에서 사용하고 있음을 알 수 있다.

백제토기 중에는 사용 방법을 알 수 없는 기형도 많이 있는데, 우리는 이러한 기형들을 이형토기라고 부르고 있다. 그리고 물건의 양을 재는 양기量器도 있었을 것으로 보인다. 현재로서는 우리가 사용 용도를 파악할 수 없는 좀 더 다양한 기종이 백제시대에 존재하고 있었음을 알 수 있다.

2) 제사용기祭祀容器

백제는 『삼국사기』에 나타난 제사기록으로 보아 자연히 제사용기를 사용했을 것으로 보인다. 마한의 유적인 해남 군곡리패총, 남원 세전리주거지에서 발견된 명기明器들은 제사와 관련된 유물로 알려지고 있다.[83] 이들 기종은 외반호, 직구호, 고배, 완, 발형토기, 시루, 국자, 대부각배 등 다양한데, 일상생활용기를 소형으로 만든 모조품이다. 이들은 일상생활용이라기 보다는 공헌용으로서 만들어진 것이다. 마한의 한 갈래였다고 생각되는 부여 논치유적에서 확인된 산제사는 호류, 심발형토기, 완, 양이부호, 시루, 주구토기, 이중구연토기, 개배

---

83 유병하, 1995, 「고고학 자료로 본 백제의 제사」『특별전 바다와 제사』, 국립전주박물관.

사진 37. '대부' 명토기(풍납토성 경당
지구 9호)

사진 38. '정' 명토기(풍납토성 경당지
구 9호)

등의 각종 토기를 집어던져 깨는 파쇄
행위를 함으로써 풍요와 전승을 빌었던
것으로 보인다.

사진 39. 진천 석장리 제철유적
제사토기

백제시대는 일상생활을 영위하면서
제사를 지낸 것과 죽은 자를 위한 것의
두 가지 형태가 있다. 일상생활을 하면
서 시행한 것은 천신, 지신, 바다신, 조
상신에 대한 제사가 있을 수 있다. 풍납
토성 경당지구 9호 유구에서 말, 멧돼
지, 소, 사슴, 곰의 포유동물과 닭, 조
기, 북어, 마형토기와 함께 발견된 '대부' 大夫 · '정' 井명 직구단경호,
광구단경호, 삼족토기 등은 제사용기로 알려지고 있다.[84] 그리고 진천
석장리 제철유적에서도 제철생산의 원활성을 기하기 위해 제사를 지
낸 흔적이 발견되었는데, 토기 구연부편 위에 원저단경호를 얹어 기

---

84 서울역사박물관, 2002, 『풍납토성』, pp.50~55.
　　권오영 · 한지선, 2005, 『풍납토성Ⅵ』, 국립문화재연구소 · 한신대학교박물관.

원한 것으로 확인되었다.[85] 청주 신봉동에서 화장장골용기라고 보고
된 기종도 제사를 올린 흔적이 아닌가 한다. 용인 수지유적에서 고배
를 다량 매납한 유구도 제사유적과 관련되었을 가능성이 있다.[86]

　바다신에 대한 제사는 부안 죽막동유적을 통해 자세히 알 수 있다.
부안 죽막동유적에서 확인된 용기는 마한에서부터 백제 사비시기에
이르기까지 다양하게 확인되고 있다. 마한시기에는 원저호, 원·평저
직구호가 제사용기로 사용되었다. 한성시기에 해당하는 토기류는 잘
보이지 않고 웅진시기로 볼 수 있는 용기가 주류를 이루어 발견되고
있는데, 외반호, 광구호, 병, 직구호, 광구장경호, 파수부잔, 통형기
대, 발형기대 등이 있다. 이들 기형은 백제에서 확인되는 기종보다 오
히려 신라, 가야, 바다건너 왜와 관련된 유물이 다량 포함되고 있어
당시 부안 죽막동 제사유적이 국제적인 장소였음을 알 수 있다. 부안
죽막동유적에서 사비시기에 사용한 용기로는 외반호, 병, 고배를 들
수 있다.

　죽은 자에 대한 제사는 공주 정지산유적에서 확인되고 있다. 공주
정지산유적에서 발견된 유물이 모두 제사용기로 사용되었다고 단언
할 수 없지만 광구호, 유공호, 고배, 개배, 기대, 삼족토기, 심발형토
기는 제사용기의 주요기종이었을 것으로 추정된다. 그리고 공주 송산
리고분군에는 제일 높은 곳에 방대형계단을 만들고 삼족토기를 중앙
에 놓고 제사를 지낸 흔적이 확인되었다. 부여 군수리유적에서는 직
구단경호, 파수부호 등을 매납하고 있는 것은 토지신에 대한 제사유
구로 알려지고 있다.[87] 주검을 매장한 후 석실 입구나 주변에서 제를

---

85 국립청주박물관, 2001, 『국립청주박물관도록』, p.55 사진 66.
86 이남규·권오영·조대연·이동완, 1998, 『용인 수지 백제 주거지』, 한신대학교박
　물관.
87 박순발 외, 2003, 『사비도성』, 충남대학교백제연구소, pp.68~69.

사진 40. 부안 죽막동 제사유적

사진 41. 부안 죽막동 제사유적출토 토기류

사진 42. 공주 정지산 유적(항공촬영)

올린 것도 있다. 서산 여미리유적에서는 총 9기의 매납유구에서 외반
구연호, 고배, 완 등의 유물이 발견되었다.[88] 나주 복암리고분군에서
는 현실문을 폐쇄하고 연도에서 제를 올린 것이 발견되었는데 이때
사용한 것이 외반구연호, 직구호, 개배 등이다. 금강유역의 사비시기
유적인 대전 신선봉유적에서는 단경호를 파쇄한 흔적이 확인되어 산
정상에서 토기를 파쇄하는 행위가 마한 이래 오랜 전통을 갖는 것으
로 보인다.[89]

3) 부장용기 副葬容器

부장용기는 고분내부용으로 특수 제작한 것만을 말하는 것은 아니

---

88 이상엽, 2001, 『서산 여미리유적』, 충청매장문화재연구원, pp.152~164.
89 김종만, 2006, 「금강유역의 산악제사」 『고고자료로 본 古代 祭祀』, 복천박물관,
   pp.85~104.

사진 43. 서산 부장리 분구묘(항공촬영)

며 관棺으로 사용한 것도 포함된다. 한성시기 부장용기는 일상생활용기와 별 차이 없이 사용되고 있다. 풍납토성이나 몽촌토성에서 발견된 것과 동일한 기종이 서울의 석촌동·가락동과 경기도 군포·용인·오산·하남·화성·안성, 충청도의 청주·서산·홍성·서천·공주 등의 토광묘, 옹관묘, 석곽묘, 적석총, 분구묘 등 상기의 3~5세기 고분 내부에서 확인되는 기종은 장경호, 광구호, 단경호, 심발형토기, 삼족토기, 흑색마연토기로 일상생활용기와 비교해볼 때 매우 흡사하다. 이렇게 일상생활용기를 고분내부의 부장용기로도 이용하고 있는 것은 백제시대 초기에는 대체로 생활용기를 이용하여 부장용기를 삼은 것으로 볼 수 있겠다. 다만 생활유적과 고분유적에서 출토된 고고자료가 과학적 분석 자료를 모두 거치지 않은 현 단계에서 부장용기와 생활용기가 차이점이 전혀 없다고 말할 수는 없을 것이다. 예를 들어 서산 부장리 8-1호 분구묘에서 확인된 흑색마연토기 잔은 아

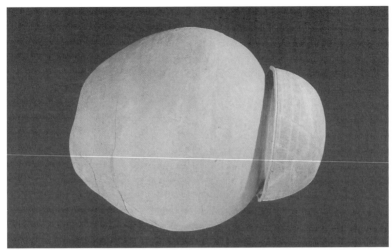

사진 44. 옹관(부여 염창리)

직까지 생활유적에서의 발견 예가 없어서 특별히 부장용기를 만들어 사용했을 가능성도 있다. 그리고 일부 지방에서는 낙랑계토기의 기종이 매납되는 현상까지 일어나고 있다. 그러나 좀더 시기가 내려가면 청주 신봉동고분군, 고창 석교리에서 확인된 파배와 같이 고분부장용을 따로 만들고 있음을 알 수 있다.

　일상생활용기를 고분에 매장하는 습속은 사비시기까지 연결되는데, 분강·저석리에서 확인된 다기는 분명 일상생활용기로 사용하다가 주검과 함께 고분에 매납된 것으로 생각된다. 웅진시기 영산강유역에서는 가야계의 토기, 유공호, 유공횡병이 부장되는 곳이 있어 한강·금강유역의 부장품과는 다른 양상을 보여주고 있다. 한편 금강하류의 익산지방에서는 아궁이의 모조품이 확인되기도 하였다. 그러나 사비시기는 고분 내부에 부장되는 기종이 엄격하게 제한되고 있어 주목된다. 이러한 현상은 지역별로 약간의 차이가 있지만 대부분 외반구연호, 병, 개배, 삼족토기로 한정되고 있다. 그러나 영산강유역의 나주 반남지역에는 부장 기종은 동일하지만 수량이 풍부한 점이 다르다. 한편 영산강유역에서는 옹관이 소멸하고 있지만 금강유역의 부여 · 공주 · 익산지역에서는 대형호를 이용한 옹관이 사용되고 있다.

제5장

제작기법

백제토기는 이전시기의 토기제작기법과 새로 중국에서 들어오는 기술을 수용하여 백제인의 기호에 맞게 만들어진다. 최근 백제고지의 추정왕궁지推定王宮址, 성지城址, 사지寺址 등 생활유적과 제사유적, 고분유적에 대한 발굴조사가 활발하게 진행되면서 자료가 증가함에 따라 백제토기에 대한 제작기법의 양상을 일부 알 수 있게 되었다.[90]

1 바탕흙채굴[粘土採掘]과 태토胎土

1) 바탕흙채굴

바탕흙은 흔히 점토라고 하는 점성이 강한 물질로서 토기를 만들 때 가장 기본이 되는 요소이다. 점토를 잘 선정하는 일이야말로 토기를 만드는 장인의 가장 기본적인 작업이다. 점토의 선정이 잘못되면

---

90 金鍾萬, 2002,「百濟土器に見られる製作技法」『朝鮮古代硏究』, 朝鮮古代硏究刊行會, pp.29~44.

재료를 만든 다음 점성에 문제가 발생할 수 있다. 장인들은 점토 채굴을 가장 가까운 곳에서 손쉽게 구했을 것이다. 진천 산수리요지에서 확인된 바탕흙 채취는 인근에서 이루어진 것으로 연구결과가 발표되었다.[91] 그러나 바탕흙에 대한 장인들의 선택이 모두 같았던 것은 아니며 제각각 선호도에 따라 달랐을 것으로 생각된다.

2) 태토

일반적으로 태토라 함은 토기를 만드는 기본재료이다. 점토를 채굴하여 정선하는 작업이 필요한데 우리는 이것을 점토 정선과정[水簸]이라고 한다. 백제시대에 장인들이 실시한 점토 정선과정이 오늘날의 도자기 제작과정에서 볼 수 있는 것과 마찬가지로 몇 번이고 채를 이용하여 걸러낸 매우 고운 점토를 의미하는 것이라고는 말할 수 없지만 서울 풍납토성의 태토 저장구덩이와 진천 산수리요지에서 수습한 점토덩어리[粘土塊]를 통해서 태토의 모습을 잘 살펴볼 수 있다. 점토 정선과정을 거쳐 불순물이 제거되면 식물, 목탄, 석영, 모래 등을 섞어 토기의 재료인 태토가 완성된다. 태토를 분석하는 방법은 토기암석학 土器巖石學과 중성자방사화분석 中性子放射化分析으로 토기 생산기술의 각 공정 연구에 필요한 가장 기본적인 정보를 제공해 준다. 토기암석학은 바탕흙과 첨가제의 선택, 토기성형기법의 확인, 표면처리기법, 소성온도 등 다양한 분석을 시도하여 데이터를 얻을 수 있다. 진천 산수리요지의 경우 초기 단계에서는 첨가제를 적절히 섞어 태토를 만들었으나 시간이 경과하면서 가마의 폐기단계까지는 첨가제를 섞지 않고 바탕흙만을 사용하였다고 한다.[92] 이렇게 바탕흙만을 사용하는 것은

---

91 조대연, 2005,「한성백제토기의 생산기술에 관한 일 고찰」『백제의 생산기술과 유통체계 』, 경기도 · 한신대학교학술원.

사진 45. 태토 저장구덩이(풍납토성)

바탕흙 자체만을 이용해도 소
성 시에 터지거나 주저 않는
것을 방지할 수 있는 소성기
술을 갖고 있었다는 점으로
해석된다. 중성자방사화분석
은 미량의 분석시료를 원자로
의 중성자로 충격하여 방사선

사진 46. 점토덩어리(진천 산수리)

동위원소로 변화시키고, 그 결과 시료에서 나오는 β선 또는 γ선을 측
정함으로써 목적하는 원소 또는 핵종의 존재량을 정량적으로 조사하
는 방법이다.[93] 이러한 분석방법은 유관상으로만 관찰해서 나타나는
시행착오를 보다 줄일 수 있는 획기적인 자료를 제공할 수 있다. 현재
우리 고고학계가 안고 있는 가장 현실적인 문제가 생산기술과 유통망

---

92 조대연, 2005, 앞의 논문, pp.23~24.
93 김장석 · 권오영, 2005,「백제 한성양식 토기의 유통망 분석」『백제의 생산기술과
   유통체계 』, 경기도 · 한신대학교학술원, p.50.

체계를 세워야 하는 것이 급선무이므로 자연과학적 분석방법과 지속적인 동반자 관계가 필요하다.

2 제작기술

1) 성형成形

(1) 단계별 과정

성형은 토기를 만드는 기본단계에서 표면을 다듬어 기형을 만들고, 마지막으로 무늬를 넣거나 검사하는 과정을 말한다.

일반적으로 토기를 만드는 기본단계는 점토를 다루어 빚는 기술을 들 수 있는데, 손빚기[手捏法], 테쌓기[輪積法], 띠 쌓기[捲上法], 틀[范]제작 등이 있다. 손빚기는 덩어리의 점토를 손으로 주물러 형태를 만드는 제작기법으로 소형토기를 만들 때 이용한다. 손빚기는 신라의 토우를 만들 때 많이 사용한 기법으로 알려지고 있다.[94] 테쌓기는 점토를 일정한 굵기의 띠로 만들어 적당한 크기로 자른 다음 원형으로 접합해서 쌓아올리는 것으로 백제토기를 만들때 주로 이용되었던 제작기법이다. 일본 스에끼 성형제작의 기본도 테쌓기로 알려지고 있다.[95] 띠 쌓기는 점토를 일정한 굵기로 길게 만들어 나선형으로 감아올려 토기를 만드는 기법이지만 백제토기에서는 잘 나타나지 않는다. 틀에 의한 제작은 다양한 틀을 만들어 놓고 점토를 약간 넓은 판으로 만들어 내형內型에 붙여 만들어내는 것이다. 토기를 대량생산할 때 사용한 것

---

94 홍보식, 2003, 「土器 成形技術의 變化」『기술의 발견』, 복천박물관, pp.154~162.
95 田邊昭三, 1981, 『須惠器大成』, 角川書店, pp.21~22.

사진 47. 모루(진천 산수리) 및 사용방법

으로 볼 수 있는데, 토기의 규격화와 밀접한 관련이 있는 것으로 해석
된다. 이 방법은 일본의 7~8세기 흑색와기의 제작할 때 사용된 기법
으로 알려지고 있다.[96]

토기를 만드는 기본단계를 지나면 기형器形을 다듬어서 완벽한 형
태를 만드는 과정을 거친다. 대표적인 과정은 표면 두드리기를 들 수
있다. 표면 두드리기는 성형할 때 기벽器壁의 공기를 빼내고 단단하게
해주는 것으로 모루와 박자를 이용한다. 백제시대에 만들어진 모루는
문양이 없는 것이 대부분이다. 그런데 풍납토성 경당지구 9호 유구에
서 수습된 장란형토기의 내면에는 문양이 남아있어 한성시기의 일부
모루에는 문양이 새겨진 것을 알 수 있다. 모루에 동심원의 문양을 새
긴 일본 고분시대 것과 비슷하다. 그러나 백제의 경우 모루에 문양을

96 川越俊・井上和人, 1981,「瓦器製作技術の復原」『考古學雜誌』67권 제2호, 日本考
   古學會, pp.49~62.

새기는 것은 일정 시기에 한정되었을 수 있다. 박자를 이용하여 대형 토기의 둥근 바닥을 만드는 것도 이 단계에 해당한다. 그리고 손잡이, 다리, 꼭지 등을 부착하는 것도 이 과정에서 이루어진다.

마지막으로 토기의 표면을 깨끗하게 정면하는 과정이 남아있는데, 물손질, 투공, 돌대작업, 파상문, 화문花文 등의 문양 배치 및 토기의 표면 각자刻字도 이에 해당된다. 물손질에 의한 정면은 정지된 상태에서 조정하는 것과 회전대를 이용하여 조정하는 경우가 있다. 백제토기의 조정은 전자보다 후자를 이용하여 정면하는 경우가 대다수를 차지한다. 그리고 물레에서 토기를 떼어내는 작업도 이 단계에 해당한다고 할 수 있겠다.

(2) 성형과정의 복원

성형의 단계별 과정의 내용을 토대로 백제토기에 나타난 제작기법을 살펴보고 성형과정을 복원해 보면 다음과 같다.

한성시기부터 사비시기에 이르기까지 전 기간에 걸쳐 제작기법을 알아볼 수 있는 기종은 호壺를 들 수 있을 것이다.

한성시기 초기에 나타나는 대형호의 제작은 다음과 같다. 대형호의 성형 및 정면기법은 풍납토성 대형호를 통해 알 수 있는데 점토를 띠쌓기로 쌓아 올려 성형하였기 때문에 몸체와 경부에 일정간격으로 터진 자국과 내면에 요철대가 있으며 표면에 문양을 타날하고 경부頸部는 횡방향의 물손질로 문양 흔적을 지웠다.[97] 대형호의 견부肩部에는 몸체에 타날한 동일한 타날판[拍子]의 모서리를 이용해서 거치문鋸齒文의 효과를 낸 것과 삼각문, 능형문菱形文이나 원형圓形+십자문 등의 문양이 새겨진 작은 박자를 만들어 스탬프로 찍듯이 압인하여 문양을

---

97 서울역사박물관, 2002,『풍납토성』p. 66 도면 51.

베풀고 있다.[98] 몸체에는 격자문을 타날하는 경우가 많다.

한성시기 대형호의 제작기법은 웅진시기에 들어와 견부 문양대는 사라지고 몸체의 타날기법은 연산지방 출토품을 통해 볼 때 계속 연결되고 있으나 사비시기는 박자를 서로 교차되게 두드리면서 문양을 겹치게 하고 있으며 경부에도 밀집파상문密集波狀文을 시문하는 등 이전에 없었던 시문방법을 채택하고 있다. 평행선문은 부여 관북리 추정왕궁지 대형호에 새겨진 문양을 살펴보면 선문을 수없이 교차하면서 두드려 그 끝을 뾰족하게 하였는데 기와제작공정과 관련이 깊은 것으로 생각된다. 부여 정암리요지에서 출토한 기와문양 중에는 그 끝이 뾰족한 문양이 많은 것을 볼 수 있는데, 토기의 제작과 기와의 제작이 동일한 제작공정을 거치기 때문에 나타난 현상이라고 추측된다. 실제로 부여 정암리요지에서 발견된 호편壺片의[99] 표면에 시문된 평행선문을 살펴보면 그 끝이 뾰족하게 되어 있음을 알 수 있다. 사비시기 대형호의 표면에 남아있는 횡대조정은 회전대를 이용하여 토기의 표면을 조정하고 둥글게 만들어졌는지 알아보는 정면과정에 의하여 나타난 것이다.

대형호의 저부는 서울 풍납토성 가-2호주거지 · 파주 주월리 96-7호주거지출토품처럼 바닥에 좁은 굽이 있는데 이는 조임기법에 의해 만들어진 후 조정된 것으로 보인다. 조임기법은 신안 내양리고분에서 발견된 양이부병의 내면을 통해서도 확인되고 있다.[100] 그리고 공주 금학동 2호 석곽옹관묘에 옹관으로 사용한 대형호의 바닥에서도 조임기법이 나타나고 있다.[101] 또한 바닥에 격자문 타날 등의 문양이 있는

---

98 한지선, 2003, 앞의 논문. pp.58~62.

99 申光燮 · 金鍾萬, 1992, 『부여 정암리 가마터Ⅱ』, 揷圖 44-⑤.

100 은화수 · 선재명 · 윤효남, 2003, 「영광 송죽리고분 출토유물」, 『해남 용일리 용운고분』, 국립광주박물관, p.22의 사진 16 · 17.

사진 48. 양이부병(신안 내양리)　　　사진 49. 사진 48의 내부 조임 모습

예가 사비시기까지 줄곧 발견되고 있는데 납작바닥을 둥근바닥으로 만들기 위한 성형방식에 의해 나타난 것으로 생각되고 이러한 제작기법은 낙랑토기 제작기술의 영향으로 알려지고 있다.[102]

심발형토기와 장란형토기는 몸체에 문양을 타날하는 방법은 비슷하다. 심발형토기는 정지깎기, 회전깎기에 의해 조정이 이루어지고 있는데, 회전깎기 기법이 비교적 이른 시기에 등장하고 있다. 이러한 방식은 웅진시기까지는 이루어지고 있으나 사비시기에는 바닥판을 따로 만들지 않기 때문에 물손질 정면기법으로 통일되는 양상을 보여준다.

토기에 흑색마연기법을 채용한 예가 있다. 기종으로는 단경호, 유견호, 직구호, 광구호, 배, 뚜껑 등을 들 수 있다. 이들 기종은 대체로 백제고지에서 확인되고 재지계의 유물과 공반하여 나타나고 있다. 파

101　유기정 · 양미옥, 2002,『공주 금학동 고분군』, 충청매장문화재연구원, p159 도면68.
102　정인성, 2003, 「樂浪土城 出土 土器」『동아시아에서의 樂浪』, 제5회 한국고대사학회 하계세미나, p.58~60.

주 주월리, 서울 풍납토성·가락동고분, 천안 용원리·화성리고분, 서산 부장리, 해미 기지리 등에서 발견되고 있는 흑색마연토기의 마연방식은 늦은 시기인 함평 예덕리에서도 계속 확인되고 있어 이러한 방식이 매우 오랫동안 전통성을 지니고 유지된 것으로 보인다. 특히 해미 기지리에서 확인된 단경호의 경부에는 등간격을 이루며 수직으로 그어 내린 자국이 있어 암문토기일 가능성이 있으며,[103] 이는 동해 송정동 6호주거지출토 단경호의 경부에서 보는바와 같이 낙랑토기 제작기법의 영향으로 나타난 것이 아닌가 한다.

병은 호와 마찬가지로 한성시기 부터 만들어 온 전통적인 기종으로 형태에 따라 여러 가지 이름으로 불리고 있다. 한성시기 부터 사비시기에 이르기까지 줄곧 확인되고 있는 단경병은 대부분 바닥을 따로 만들고 그 위에 몸체를 띠 쌓기나 테쌓기에 의해 성형하며 몸체에서 목부분에 이르는 지점은 대부분 조임기법에 의해 만든다. 횡병, 자라병은 둥글게 몸체를 만들고 목을 부착할 부분을 오려낸 뒤 목을 붙이는 구절기법球切技法으로[104] 만든다. 장경병 중에는 일부 구절기법에 의해 만들어진 것이 있는데, 장경병이 파괴될 때 병목만 따로 분리되는 것을 보아 알 수 있다.

사진 50. 구절기법으로 만든 합(박만식교수 기증품)

---

103 국립공주박물관·충청남도역사문화원, 2006,『한성에서 웅진으로』, p86.

104 金鍾萬, 2003,「泗沘時代 灰色土器의 性格」『湖西考古學』9집, 湖西考古學會, pp.63~83.

시루는 정질태토를 이용하여 만든다. 바닥판을 둥글게 만든 다음 구멍을 뚫는다. 그 위에 몸체를 붙여 올라가는 것으로 대부분 점토 띠를 쌓아올려 만든 것으로 보인다.

백제토기 중 가장 많은 양을 차지하고 있는 것은 완이다. 한성시기의 완은 지두압흔이나 물손질을 사용하여 표면을 정면하고 있어 원삼국시대 이래의 제작기법이 계속 채용된 것으로 보인다. 그러면서 낙랑토기의 영향이 나타나고 있는데, 몸체 경계면에서의 깎기 정면방식을 확인할 수 있다. 한성시기에는 완의 외면을 마연한 것도 있다. 그리고 사비시기에는 완의 외면에 칠漆을 바른 것도 등장하고 있다.

완을 성형하는 또 하나의 방법으로 구절기법이 있다. 구절기법은 회색토기인 유개완을 만들 때 적용되었다. 박만식교수 기증품 중에 보시기에 이 구절기법이 나타나고 있어 이른 시기부터 사용된 제작기법임을 알 수 있다.[105]

사진 51. 완 바닥에 남아있는 녹로 봉 자국(논산 원북리)

녹로에서 제품을 떼어내는 방법은 네 가지로 세분할 수 있다. 첫째, 녹로 위에서 성형한 후에 녹로의 중심 봉을 들어올려 녹로 판에서 토기를 떼어내는 방법으로 소형토기만 이용할 수 있다. 이 방법으로 인해 토기바닥에는 여러 형태의 자국이 남아있는데, 이 자국은 원삼국시대 이래 요업의 발전과 더불어 이입된 것이다. 공주 도천리에서 수습한 개배의 바닥에 장방형의 녹로봉 자국

105 국립부여박물관, 1995, 『박만식교수 기증 백제토기』, p83의 도판 164.

이 남아있으며 백제시대는 아니지만 마한시기 녹로봉의 형태로는 둥근 것, 2중의 둥근선+십자문, '二'자형, 방형띠 등이 있어 녹로봉의 상부 상태가 다양함을 보여 주고 있다. 둘째, 저부를 잘라낼 때 실끈을 이용하는 것으로 완과 병에서 많이 보인다. 부여 송국리 원형구덩이·궁남지·지선리 4호분·능사출토의 완과 부여 지선리 8호분

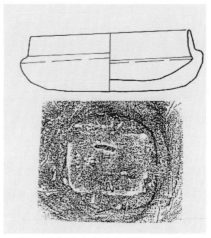

그림 5. 개배 바닥에 남아있는 녹로봉 자국 (공주 도천리)

출토 병의 바닥에서 관찰되고 있다. 실끈을 이용하여 제품의 바닥을 잘라내는 기법은 낙랑토기에[106] 나타나고 있어 한대토기漢代土器이래의 전통임을 알 수 있다. 또한 이러한 기법은 기와에도 보이고 있어 당시 점토덩어리에서 재료를 잘라내는 기법으로 널리 채택되어 사용한 것으로 보인다. 실끈을 이용하여 점토덩어리와 제품을 분리시키는 방법으로는 물레를 정지된 상태와 회전시키면서 잘라내는 것의 두 가지가 관찰된다. 그리고 정지된 상태는 한쪽만 또는 좌우를 똑같이 잡아당기는 방법이 있다. 사비시기 완은 정지된 상태에서 분리된 것이 많다. 실끈을 잡아당기면서 나타난 너비는 기와보다 토기가 정교하다. 실끈 이용 자르기는 백제에서는 한성시기 이후 꾸준히 이용되어온 성형기법임을 알 수 있다. 일본 스에끼의 경우 밑바닥에 실을 이용하여 커트

---

[106] 谷豊信, 1985·1986,「樂浪土城址出土の土器(上)·(中)·(下)」『東京大學文學部 考古學研究室紀要』第2·4·6號.

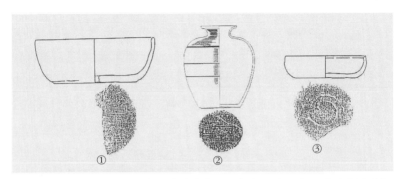

그림 6. ①완(부여 능사), ②병(부여 지선리 8호)의 바닥 실끈 자국, ③등잔(부여 능사)의 바닥 예새깎기자국

하는 조정흔적이 남는 시기는 아스카시대 이후이다. 셋째, 예새와 같은 도구를 이용하여 잘라내는 것으로 부여 구아리 정지井址출토품이 있다. 예새를 이용하여 잘라낸 경우는 바닥에 나선형으로 테가 나타난다. 녹로를 돌리면서 예새를 이용하여 바닥표면을 일정하게 조정한 것은 부여 구아리 정지출토 흑색와기 완에 나타나고 있다. 이러한 예새 깎기 기법은 웅진시기 개배 제작에 널리 사용된 제작기법으로 일본 스에끼 중 개배를 만드는 방법의 기본으로 알려지고 있다.[107] 넷째, 토기를 녹로바닥에서 그대로 떼어내는 것으로 부여 관북리연지 출토품 · 구아리정지 출토품이 있다.

한편 완 내면 조정은 몸체의 경우 회전 손빚음에 의해 기벽이 조정되고 있으나 바닥의 상황은 다르다. 내부바닥을 조정하는 방법 중 회전 손빚음에 의한 것은 부여 정암리요지 출토품이 있는데, 완의 내부바닥을 먼저 만드는 과정에서 녹로를 회전하면서 뾰족한 도구 등으로 조정하여 생긴 원권문圓卷文이 남아있다. 그리고 부여 궁남지에서 수습

---

107 金鍾萬, 2001,「公州 道川里出土 百濟土器 小考」『國立公州博物館紀要』창간호, 국립공주박물관, pp.81~111.

된 완의 내면 바닥에는 예새를 이용하여 조정한 흔적이 있다.

사진 52. 원권문(부여 정암리요지)

개배는 소형품으로 손빚기에 의해 성형하지만 물레를 돌리면서 만들기 때문에 원시적인 손빚기와는 다르다. 개배의 성형은 몸체를 먼저 만든 후 구연부를 붙이는데, 이 과정에서 미숙하여 구연부의 두께가 고르지 못한 경우가 공주 도천리유적 출토품에 나타나고 있다. 사비시기의 배는 몸통과 구연부가 상당히 낮아지고 있지만 웅진시기 배와 마찬가지로 손빚기기법으로 만들어지고 있다. 사비시기에는 웅진시기 배 바닥에 나타나는 예새 깎기 기법은 잘 보이지 않으며, 뚜껑받이 턱이 상당히 넓어지면서 구연 하단부와의 사이에 대부분 홈이 만들어진다.[108]

등잔은 개배와 마찬가지로 대부분 손빚기로 만들었다고 판단되며, 바닥을 잘라낼 때 두 가지 기법이 이용되었다. 하나는 부여 정암리요지 출토품처럼 1개의 분량에 해당하는 점토를 사용하여 만들어 바닥에 잘라낸 자국이 없는 것이다. 또 하나는 큰 분량에 해당하는 점토에서 1개를 만든 다음 점토덩어리에서 바닥을 잘라낼 때 예새를 이용하는 것으로 부여 능사 출토품에 잘 나타나고 있다.

성형의 마지막 과정은 토기의 표면을 정면하는 것인데, 시문한 문양을 지우지 않고 정연하게 만들어 토기를 돋보이게 하는 효과를 만

---

108 일본 스에끼 중 배의 동체와 구연을 만들 때 사용된 기법으로 ハリツケ법과 オリコミ법이 있는데, オリコミ법으로 만들 경우 개배 내부에 침선이 생기는 것으로 되어 있고 이것이 ハリツケ법으로 만들어진 것보다 기술적으로 발전한 형식이다.(中村浩, 1980, 『須惠器』, 日本 ニュー サイエンス社, pp.46~48)

들었다.

대형호의 내부에 있는 둥근 자국은 모루에 의해 나타난 자국이다. 진천 산수리요지에서[109] 발견된 모루를 보면 문양이 없는 원형이고, 서천 봉선리 마한시기 주거지에서는[110] 말각장방형의 모루도 있어서 토기의 형태나 장인의 습관에 의해 여러 형태의 모루가 사용된 것을 알 수 있다. 일본 스에끼 중에는 특이하게도 박자에 원형문 등을 중첩하여 새겨 토기 내면에 파상문과 같은 효과를 나타낸 예가 많이 있다. 백제지방에서는 부안 죽막동 제사유적 출토 호류,[111] 부여 관북리 추정 왕궁지 석축연지에서 확인된 외반호편의 내부에 박자가 있는 것이 발견되었는데 일본 스에끼계로 분류되고 있다.

한편 토기 표면에 남아있는 정면 방향에 따라 물레를 어느 방향으로 돌렸는지, 또는 돌리는 사람의 주수主手가 어느 쪽인가를 알 수 있다. 일본의 고분시대 스에끼 제작기법에 있어 물레의 방향이 왼쪽으로 돌려 만드는 것이 오른쪽으로 돌려 만드는 것보다 선행된 기법으로 알려지고 있다.[112]

그리고 회색토기는 구연부가 수평을 이루는 것이 한 점도 없다. 이는 구형의 토기를 몸통과 뚜껑으로 분리할 때 예새를 이용하게 되는데, 녹로의 상판이 수평을 이루지 못했거나 원심력에 의해 나타나는 현상이다.

---

109 崔秉鉉, 1995, 『新羅古墳硏究』, 일지사, p.554.

110 충청남도역사문화원, 2005, 『서천 봉선리 유적』, p45의 도판 13-③.

111 國立全州博物館, 1994, 『扶安 竹幕洞 祭祀遺蹟』.

112 白石太一郎編, 1990, 「古墳時代の工藝」『古代史復元』7, 講談社, p.159.

3 요지窯址와 소성燒成

1) 요지

(1) 축조

한반도에 토기를 굽는 요窯가 등장한 것은 신석기시대부터이다. 주로 청동기시대까지 노천요露天窯에서 토기를 소성하였지만 원삼국시대에 이르면 중국 전국시대戰國時代 요의 영향을 받은 환원염요還元焰窯의 등장이 이루어진다. 원삼국시대의 요를 더욱 발전시킨 것이 백제시대 요이다. 요는 위에서 수직으로 약간 파고 내려가 만들거나(반지하식), 옆으로 굴을 파고 들어가 만드는(지하식) 두 가지 방법이 있다. 반지하식은 한성시기에 주로 이용된 형식이며, 지하식은 웅진시기를 거쳐 사비시기에 이르기까지 전 시기에 걸쳐 널리 사용된 형식이다.

요의 축조장소는 자연풍화암반층이 형성된 곳이 좋으며, 앞 부근에 강이나 하천이 흐르고 주변에 울창한 숲을 지닌 곳이 최적지이다. 그리고 토기를 만드는 점토가 많이 나오는 곳이어야 하고 운반하기 편리한 장소가 좋은 곳이다. 한성시기에서 사비시기에 이르기까지 확인된 백제시대 요지는 대체로 상기한 5가지 조건이 충족된 장소를 선택하여 사용하고 있으며, 등요登窯와 평요平窯가 있다.

백제는 등요의 형태가 먼저 나타나고 웅진시기 말경이나 사비시기 초에는 중국의 남북조시대에 유행한 평요를 받아들여 조영하기 시작한다. 그러면서 대단위 조업시설을 하고 있어 국가의 생산체제가 대규모로 이루어지고 있음을 알 수 있다. 평요는 와도겸업瓦陶兼業의 생산체제를 보여주는 것으로 생산효율에 있어 최대 효과를 보여주고 있다. 그러므로 토기도 기와와 동일한 방법에 의해 제작되는 과정을 거쳤던 것으로 생각된다.

사진 53. 서울 풍납토성요지

사진 54. 진천 산수리요지

사진 55. 부여 중정리요지

사진 56. 나주 오량동요지

사진 57. 나주 신가리 당가요지

사진 58. 청양 학암리요지

앞으로 유적에서 발견된 토기와 요지에서 확인된 토기의 태토성분을 분석하면 공급지를 밝힐 수 있는 좋은 자료가 된다. 최근 이러한 작업이 서서히 이루어지고 있다.[113]

---

113 조대연, 2005, 「한성백제토기의 생산기술에 관한 일고찰」『백제의 생산기술과 유통체계』, 경기도박물관 · 한신대학교학술원, pp.21~40.
김장석, 2005, 「백제 한성양식 토기의 유통망 분석」『백제의 생산기술과 유통체계』, 경기도박물관 · 한신대학교학술원, pp.45~68.

사진 59. 청양 왕진리요지(4호)

사진60. 부여 정암리요지(B지구1~4호)

(2) 구조

한성시기의 요지는 풍납토성, 진천 산수리·삼용리, 공주 귀산리, 정읍 화룡리, 부여 궁남지가 알려지고 있다. 한성시기 요지의 분포는 전국적이며 다원화된 체제를 구축했음을 알 수 있다. 진천 산수리·삼용리요지를 통해 한성시기 요지의 구조를 살펴볼 수 있다. 이들 요지는 자연풍화암반층에 반지하 또는 지하로 굴을 파서 만든 것으로 오랫동안 조업이 이루어졌던 것을 알 수 있다. 요지는 불을 지피는 화구火口에서 연기가 나오는 연도에 이르기까지 하나의 통형으로 되어있다. 요지는 화구에서 연소실燃燒室은 한단 떨어져 내려가고 소성실은 연소실에서 한단 올려 만들어 북중국의 신석기시대 이래의 승염원요昇焰圓窯를 특수하게 변형하여 발달시킨 것으로 파악되고 있다.[114] 부여 궁남지요지는 반지하식으로 소성실 내부 중심부에 길게 화도火道를 마련한 홈[溝]이 있어 특징적이다.[115] 한편 호남지방의 특색을 보여주는 등요가 영산강유역을 중심으로 확인되고 있다.[116]

웅진시기 요지는 512년에 축조한 무령왕릉의 벽돌을 구웠던 부여 정동리, 나주 오량동,[117] 익산 신용리에서 알려지고 있다. 부여 정동리 요지는 무령왕릉 벽돌에 쓰여진 내용에 의하면 중국 양나라 장인의 지도로 만든 최초의 요가 될 것이다. 이곳에서는 토기도 만들었으며 기와와 함께 번조燔造하는 와도겸업의 초창기 형태였을 것이라고 생각이 들지만 발굴조사가 이루어지지 않아 요의 구조는 알 수 없다. 나주 오량동요지는 등요로 토기만을 번조한 곳으로 요지의 구조는 진천 산수리·삼용리요지와 약간 다르다. 즉, 요지의 화구와 소성실은 거의 동일 평면상에 만들어지고 있어 진천 산수리·삼용리 요지가 화구에서 소성실이 단을 이루며 떨어졌던 것과는 확연히 다른 것을 알 수 있다. 익산 신용리요지는 나주 오량동 등요를 더욱 발전시킨 것으로, 등요의 전형을 보여주며 사비시기로 이어지는 것 같다. 익산 신용리요지와 동형의 것이 금강 건너 서천 옥남리에서 확인되었다.[118] 청양 학암리 Ⅱ-A요지는 2기가 동시에 조영된 지하식 쌍요 체제이며 웅진시기 말~사비시기 초에 해당한다.[119] 한편 부여 중정리에서 확인된 지하

---

114 최병현·김근완·유기정·김근태, 2006,『鎭川 三龍里·山水里 土器 窯址群』, 한남대학교중앙박물관.

115 국립부여박물관, 2007,『궁남지』.

116 박수현, 2001,「호남지방 토기요지에 관한 일시론-요의 구조를 중심으로-」『연구논문집』제1집, 호남문화재연구원, pp.41~74.
이영철·조희진, 2005,『고창 석교리 유적』, 호남문화재연구원.

117 최성락 외, 2004,『오량동 가마유적』, 목포대학교박물관·동신대학교문화박물관.

118 충청문화재연구원, 2006,『서천 옥남리유적설명회의 자료』.

119 충청남도역사문화원, 2006,『靑陽 鶴岩里·分香里 遺蹟』.

식 등요는 2기가 확인되었으나 요전회구부窯前灰丘部가 따로따로 있는 단독 가마로 웅진시기의 중후엽경에 조업하였을 것으로 보인다. 이상의 웅진시기 요업체제를 살펴보면 도성이 있었던 공주에는 토기를 만드는 요窯가 확인되지 않고 있는 점이 특징이라고 할 수 있다.

사비시기 토기요지는 금강유역과 영산강유역에서 확인되고 있다. 금강유역에는 등요와 평요가 있다.[120] 등요는 부여 쌍북리 보리고개 · 쌍북리 부여여고 앞[121] · 정암리 A · B지구[122] · 신리[123] · 송국리 '76-70지구,[124] 청양 관현리 질평[125] 등에서 확인되고 있다. 부여 쌍북리 부여여고 앞 북요지에서는 녹유제품이 확인되고 있어 주목된다. 그리고 금강유역의 하류인 익산 신용리요지에서 사비시기에도 토기가 만들어져 금강유역으로 공급되고,[126] 고창 운곡리, 익산 산북리에서도 등요가[127] 발견되고 있어 점차 다원적인 체제를 갖추었던 것으로 보인다.

이들 등요는 소성실 내부의 형태에 따라 무단식과 계단식으로 나누어 볼 수 있다. 무단식은 한성시기부터 웅진시기에 조영된 등요가 이러

---

120 金誠龜, 1990,「扶餘의 百濟窯址와 出土遺物에 대하여」『百濟研究』21집, 충남대학교백제연구소, pp.217~246.
      金鍾萬, 2002,「泗沘時代 瓦에 나타난 社會相 小考」『國立公州博物館紀要』2집, 국립공주박물관, pp.49~72.
121 尹武炳, 1982,「扶餘 雙北里遺蹟 發掘調查報告書」『百濟研究』13집, 충남대학교백제연구소, pp.61~94.
122 申光燮 · 金鍾萬, 1992,『부여 정암리 가마터(Ⅱ)』, 국립부여박물관.
123 金鍾萬, 1999,「百濟後期 土器盌의 樣相과 變遷」『東垣學術論文集』2집, 한국고고미술연구소, pp.5~30.
124 國立中央博物館, 1995,『松菊里Ⅳ』.
125 大田保健大學博物館, 2002,『青陽 冠峴里 瓦窯址』.
126 김종만, 2006,「성왕시대 백제 생활토기」『백제의 성왕과 그의 시대』, 부여군백제신서3, pp.149~177.
127 全榮來, 1973,「高敞, 雲谷里 百濟窯址 發掘報告」『全北遺蹟調查報告(下)』, 서경문화사, pp.485~504.

한 형태를 띠고 있는데, 사비시기에는 초촌 송국리요지, 익산 신용리요지, 고창 운곡리요지, 청양 관현리 질평 요지가 이를 계승하고 있다. 계단식은 정암리요지 · 쌍북리 보리고개 남요지에서 확인되고 있다.

평요는 부여 정암리 A지구(1호) 및 B지구(2, 3, 5, 6호) · 동남리 구인삼창부지 · 정림사 강당지 하부 · 왕흥사인근, 청양 왕진리 강변 4호 요[128]에서 확인되고 있다. 부여 동남리 구인삼창부지요지는 사비시기 초의 연대를 갖는 반지하식 평요로서 소성실 앞과 뒤의 각이 거의 없는 완전 평요로서 처음 나타나는 요소이다. 아울러 이곳에서 중국청자편도 확인되고 있어서 중국장인의 지도로 요업이 운영되었을 것으로 생각된다. 이는 『삼국사기』성왕 19년조에 나오는 양나라 공장工匠 · 화사畵師의 초청에 의해 조영된 요업상황을 말해주는 장소일 가능성이 있다. 부여 정암리 B지구요지를 통해 볼 때 평요는 등요와 동시에 조영된 것은 아니며 등요조영 후에 평요가 조성되는 특징을 보여주고 있다. 그러나 출토유물로 본다면 시기적인 차이는 크게 나지 않았다는 것을 알 수 있다. 등요와 평요가 거리를 두지 않고 바로 인접해서 조영하고 있었다는 것은 소성의 차이점을 제외하면 장인들은 동일 집단이었음을 의미하는 것이다.

한편 남부지방에는 순천 대안리 소안요지와[129] 나주 금천 당가요지가[130] 사비시기 등요로 알려지고 있다. 영산강유역에서는 아직까지 평요에 대한 발굴조사 보고 예가 없다.

---

128 이애령, 2001,「靑陽 汪津里瓦窯址 發掘調査槪要」『東垣學術論文集』4집, 한국고고미술연구소, pp.49~58.
　　김성구, 2004,『백제의 와전』, 주류성.
129 順天大學校博物館, 1997,「順天 海龍面의 文化遺蹟」『順天 劍丹山城과 倭城』.
130 이정호, 2003,「영산강유역의 고대 가마와 그 역사적 성격」『삼한 · 삼국시대의 토기생산기술』, 복천박물관, pp.66~97.

2) 소성

토기를 성형한 다음 그늘에 말리는 작업이 그 뒤를 잇는다. 말리는 작업은 양지가 아닌 음지에서 행해졌을 것으로 보이는데 터지는 것을 방지하기 위해서이다.

그늘에서 일정시간 말린 토기들은 완성된 제품으로 만들기 위해서 요의 소성실의 연도부근에서 부터 연소실 쪽으로 적재한다. 백제시대는 선사시대의 노천요보다 반지하식·지하식 요에서 환원염에 의해 제품을 생산한다.

백제토기의 소성방법은 기술적인 면이 강조되는 것으로 연질토기, 회청색경질토기, 흑색와기와 회색토기로 나누어 살펴볼 수 있다. 연질토기는 요의 내부 온도가 1,000℃이하일 때 나타나며 주로 백제초기의 전통양식을 계승한 토기에서 자주 볼 수 있다. 회청색경질토기는 요의 내부 온도가 1,000~1,200℃사이가 되어야 만들어낼 수 있는 것이다. 회청색경질토기는 한성시기에 등장하며 사비시기에 이르기까지 줄곧 만들어졌다. 그러나 회청색경질토기는 요의 구조 변화와 치밀질 태토를 사용하는 과정에서 일부 기종에서는 흑색와기나 회색토기로 변환되고 있다. 흑색와기는 소성실 내부에서 환원염에 의해 소성되다가 마지막 단계에서 불연소하는 방법을 이용하여 토기 기벽에 있는 구멍을 막는 동시에 표면에 탄소막을 입혀 만들어지는 것이다. 이러한 소성방법은 가마의 형태, 태토가 좌우한다. 회색토기는 흑색와기와 비슷한 방법으로 소성되었을 것이며, 다만 불연소와 같은 과정을 거치지 않고 물품을 생산하고 있어 흑색와기보다 한 단계 높은 소성기술로 생각된다.

토기는 소성할 때 내, 외면에 자국이 남게 되는데, 이를 통하여 가마내 토기 적재방법을 알아볼 수 있는 증거가 되는 것이다. 소성실에 토기를 적재하는 방법은 크기에 따라 달랐던 것으로 보인다.

대형품인 대형호의 소성실 적재방법은 두 가지 방법이 추론된다. 첫째는 대형호와 소형품을 동시에 소성실에 적재하는 방법이 있다. 이 방법은 기와와 함께 소성했던 와도겸업요가 들어오기 전까지 보편적으로 사용했던 방법이라고 생각된다. 둘째는 대형호만을 소성실에 적재하는 경우가 있다. 이것은 영산강유역의 전용관專用棺을 만들 때 사용했던 방법으로 이 지역의 독특한 사회상의 반영이라고 할 수 있다.

　　백제토기의 소성방법은 진천 산수리요지, 익산 신용리요지, 청양 학암리요지, 나주 오량동요지 · 신가리 당가요지를 통해 살펴볼 수 있다. 진천 산수리 요지, 청양 학암리요지에서는 소성실 바닥에 토기를 적재할 때 「공工」자형 도짐이[離床材]를 사용하였다. 최근 백제시대 이전 단계의 전남 영광 군동 '가' 요지에서[131] 삼각형과 「공工」자형의 도짐이가 확인되었는데 서천 지산리에서도 발견된 바 있다.[132] 웅진시기의 개배 중에는 저부의 한쪽이 움푹 들어간 부분을 볼 수 있는데, 이것은 중첩한 개배의 밑에 삼각형의 도짐이를 고였는데 소성하는 과정에서 위에서 누르는 무게로 인해 나타난 현상으로 보인다. 나주 오량동요지에서는 소성실 바닥과 측벽에 토기편을 깔거나 세워서 토기가 바닥이나 벽에 달라붙지 않도록 하였다. 공주 저석리 서-16-H호의 난형호의 저부에 부착된 토기편은 상기한 과정을 통해서 나타난 현상이다. 이러한 도짐이는 나주 반남지역 출토 호에서도[133] 확인된다. 창녕 여초리 토기요지에서도 토기편을 이용하여 고였던 것이 수습되어 삼국시대 토기의 소성과 적재방법이 비슷하였던 것을 알 수 있다. 나

<hr>

131 박수현, 2001,「湖南地方 土器窯址에 關한 一試論」『湖南文化財研究院 研究論文集』1집, 호남문화재연구원, pp.41~74.
132 국립광주박물관, 2000,『호남고고학의 성과』, p.52.
133 朝鮮古蹟研究會, 1928,「羅州潘南面古墳の發掘調査」『昭和十三年度古蹟調査報告』, 도판 30.

사진 61. 완 적재(나주 신가리 당가요지)

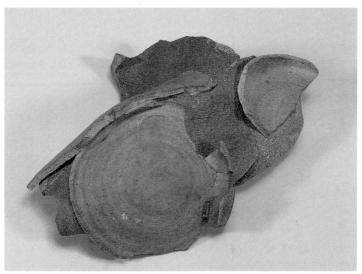

사진 62. 토기 적재(청양 학암리요지)

사진 63. 받침도구(진천 산수리)

사진 64. 받침도구(영광 원홍리)

사진 65. 받침도구(서천 지산리)

사진 66. 받침도구(청양 학암리)

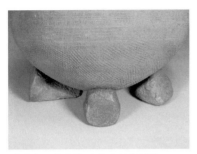

사진 67. 삼각형 도짐이 사용방법

사진 68. 받침도구(나주 신가리 당가요지)

주 신가리 당가요지에서 수습된 장방형의 토기 받침에는 고배와 같은 소형토기를 올려 놓고 소성한 자국이 남아있어 도짐이의 새로운 형태를 엿볼 수 있다. 그리고 토기와 토기 사이에 개배 등의 소형토기를 넣어 달라붙는 것을 방지하였다. 나주 반남 덕산리 제4호분출토 호의[134] 몸통에 있는 둥근 자국과 나주 오량동요지 폐기장 · 신가리 당가요지, 청양 학암리요지 폐기장 출토품 중에 큰 토기에 작은 토기가 달라붙어 있는 것은 이를 잘 증명해 주고 있다.

웅진시기 이후가 되면 토기 사용의 빈도가 가장 높은 개배, 고배는 중첩하여 구웠던 사실이 확인되었으며,[135] 이러한 방법은 소형토기를 소성할 때 널리 사용한 방법이다. 박만식기증유물 중 고배 몸체 내부 바닥에 나타난 자국을 보면 중첩하여 구웠던 흔적이 있다.[136] 또한 삼족토기는 소성할 때 뚜껑을 덮어서 생산한 예가 있는데, 익산 신용리 요지, 공주 정지산유적,[137] 보령 웅천 노천리,[138] 서천 비인 장포리 출

---

134 國立光州博物館, 1988,『羅州潘南古墳群』, 원색도판 20-②.

135 金鍾萬, 2001, 앞의 논문, pp.81~111.

136 국립부여박물관, 1995,『박만식교수기증백제토기』, p.72 136의 우측고배.

137 국립공주박물관, 1999,『정지산』, 도판 72-② · ③.

138 金鍾萬, 1995, 「忠南西海岸地方百濟土器硏究-保寧 · 舒川地方을 중심으로」『百

사진 69. 고배(박만식교수 기증품)

사진 70. 삼족토기(공주 정지산)

토품을[139] 통해서 살펴볼 수 있다.

　사비시기에는 새로 등장하는 평요와 매우 고운 입자로 된 점토의 사용으로 흑색와기가 보편적으로 생산된다. 자배기, 완, 등잔, 연가 등이 이 방법으로 소성된다. 완을 소성실에 적재하는 방법은 두 가지 방법으로 구웠던 것으로 상정할 수 있다. 첫째, 부여 정암리요지출토품처럼 기와와 함께 굽는 경우가 있다. 이때는 완을 포개 굽지 않아서 토기전면에 흑색의 탄소막이 형성되어 있는 것을 볼 수 있다. 둘째, 순수하게 완을 포함한 토기류만 굽는 경우가 있었던 것으로 보인다. 이 소성방법은 부여 송국리요지와[140] 같은 토기요에서 이루어졌을 가능성이 높다. 토기전용요는 대량생산을 위해 3가지 적재방법이 상정된다.[141] 부여 궁남지 출토품으로 소성 후 포개지지 않은 부분에 흑색의 탄소막이 흡착되어 띠를 형성한 것처럼 표시가 나타나 있다. 이와 같은 방법으로 만들어진 것이 논산 표정리 A지구 7호분 출토품 소형완에서도[142] 확인되고 있어 이미 웅진시기부터 이러한 소성방법이 사

　濟硏究』25집, 충남대학교 백제연구소, 도면 50 · 51.

139　金鍾萬, 1995, 앞의 논문, 도면 67 · 68.

140　國立中央博物館, 1991, 『松菊里Ⅳ』.

141　김종만, 2004, 『사비시대 백제토기 연구』, 서경문화사.

사진 71. 소형완(논산 표정리)

용되고 있었음을 알 수 있다. 경주 안압지와[143] 황룡사지 출토 통일신라토기 중에[144] 바깥 표면에 생긴 검은 띠는 백제에서 그 소성방법이 전달된 것으로 추정하고 있다.[145] 그리고 백제의 것은 아니지만 경주 손곡동 물천리 1호요지에서 확인된 고배의 적재상황은 이를 잘 대변해 주고 있다.

소형토기를 소성실 내부에 중첩할 때 나뭇잎 또는 줄기를 토기사이에 끼워 넣어 토기끼리 눌러 붙는 것을 방지하였는데, 공주 도천리출토 뚜껑, 나주 복암리고분출토 뚜껑, 부여 쌍북리출토 벼루의 뚜껑에 잘 남아있다.[146] 사비시기에 개배의 소성에 이러한 이기재離器材를 사

사진 72. 개배에 나타난 이기재 자국(공주 도천리)

사진 73. 개배에 나타난 이기재 자국(나주 복암리)

142 尹武炳, 1979, 「連山地方 百濟土器의 硏究」 『百濟硏究』 10집, 충남대학교백제연구소, pp.5~85.

143 文化公報部文化財管理局, 1978, 『雁鴨池發掘調査報告書』, 圖版210 · 215.

144 文化財管理局文化財硏究所, 1983, 『皇龍寺發掘調査報告書』, 圖版 262-3우측.

145 崔鍾圭, 1992, 「濟羅耶의 文物交流-百濟金工 II-」 『百濟硏究』 23집, 충남대학교백제연구소, pp.65~80.

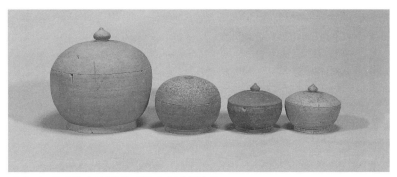
사진 74. 회색토기 완(부여 관북리 추정왕궁지)

용하는 방법은 줄어들고 그러한 방법보다는 중국도자기소성에서나 볼 수 있는 받침을 이용하고 있어 기술적으로 진보하고 있음을 엿볼 수 있다. 나주 복암리 3-10호분 출토 개배에 3~5개의 받침자국이 남아있다.[147]

백제토기에는 잘 보이지 않지만 가야토기 중에는 소성실 내부에 짚이나 풀로 역은 또아리를 놓고 구운 토기(국립진주박물관소장품 1491)도 있고, 짚이나 풀에 석회와 같은 성분의 흙을 섞어 만든 것을 장경호와 기대 사이에 넣고 소성하였던 예(국립진주박물관소장품 1299·1304)도 발견되고 있어 향후 백제토기에서도 나타날 가능성이 높다.

회색토기의 소성은 표면상으로 보면 도자기를 굽는 것처럼 정성을 들여 만들어진 것이지만 갑발과 같은 것을 덮어 구운 것은 아니다. 회색토기에 나타난 경도는 흑색와기를 만드는 소성방법보다[148] 발전된

---

146 金鍾萬, 2001, 앞의 논문, pp.102~103.
　　百濟文化開發研究院, 1985,『百濟土器圖錄』, 도판 247참조.
147 國立文化財研究所, 2001,『羅州 伏岩里 3號墳』, 사진 342-①참조.
148 金鍾萬, 1995, 앞의 논문, 부여 능사의 하층에서 확인된 칠바른 전달린토기는 회색토기가 어떠한 과정을 거쳐 만들어지게 되었는지 알 수 있는 자료가 된다.

요 지	출 토 유 물	성 왕 I 기	성 왕 II 기

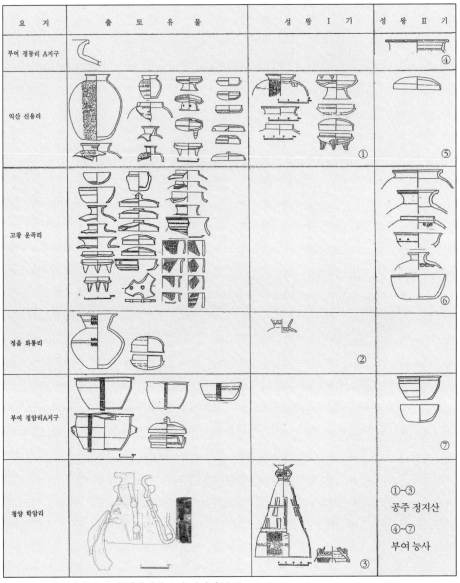

그림 7. 6세기 전반기 백제 일상생활토기 생산과 유통

기법에 의해 만들어진 것을 알 수 있는데 기술적인 진보라고 생각된다. 회색토기는 대부분 경질에 가까운 것으로 볼 수 있는 것이지만 일부는 와질에 가까운 것도 포함되고 있다. 이러한 현상은 도자기 태토처럼 고운 점토를 사용하여 소성시 높은 열을 이용할 수 없어서 나타난 현상이며, 이는 또한 당시 유행한 와도겸업이라는[149] 요업구조도 관련이 있을 것으로 보인다. 회색토기 중에는 와질에 가까운 것이 바닥이 터진 예가 일부 확인되고 있다. 특히 회색토기 중 대부완은 부여 관북리 추정왕궁지 배수로에서 발견된 것을 검토한 결과 완에 뚜껑을 덮고 구웠던 것으로 확인되었다.[국립부여박물관소장 3814(2-2), 3845(2-1)] 회색토기는 요의 소성실 바닥에 모래, 식물이 포함된 점토, 작은 토기편 등을 토기 저부에 받침으로 놓고 소성하였다.

3) 유통

한성시기는 마한의 완전 병합으로 생산체제를 구축하는데 있어 매우 유리한 고지를 점한 것으로 보인다. 백제중앙정부의 남부경영에 따라 금강·영산강유역의 제작물품이 장거리체계에 돌입할 수 있었던 것으로 생각되며, 풍납토성에서 연산토기, 가야토기 등이 확인되고 있는 것은[150] 이를 잘 대변해 주고 있다. 그러나 이러한 장거리 유통망체계는 얼마가지 못한 듯하며, 풍납토성에서 확인되었다고 알려진 진천 산수리요지 출토품은[151] 자연과학적 방법에 의하면 태토가 완

---

149 灰色土器가 瓦陶兼業과 관련이 있지만은 기와와 동시에 燔造한 것을 의미하는 것은 아니다.

150 권오영, 2002,「풍납토성 출토 외래유물에 대한 검토」『百濟研究』36집, 충남대학교백제연구소, pp.32~33.

151 柳基正, 2002·2003,「鎭川 三龍里·山水里窯 土器의 流通에 관한 研究(上)·(下)」『崇實史學』15·16집, 숭실대학교사학과, pp.217~246.

전히 다른 것으로 결과가 발표되어 유통망에 대해 재론을 요하고 있다. 이러한 점을 통해 볼 때 한성시기의 토기류 유통망은 장거리 체계도 있었지만 근거리 체계가 더욱 형성된 것으로 보인다. 이러한 점은 한성시기 중앙정부의 문화정책과 궤를 같이하는 것으로 보이고, 한강유역에서 영산강유역에 이르기까지 생산체제의 다원화가 이루어졌던 것으로 보인다.

웅진시기는 도성 인근에 요업단지를 배치하지 않고 주변에서 토기를 공급받은 것으로 보인다. 웅진시기 후반기의 토기류는 익산 신용리요지, 고창 운곡리요지와 청양 학암리요지에서 생산되어 공급되었거나 이 집단과 관련이 있는 곳에서 생산된 것으로 보인다. 특히 익산 신용리요지에서 수습된 고배, 배, 삼족토기는 공주 정지산에서 발견된 것과 매우 흡사한 기형임을 알 수 있다. 또한 정지산에서 수습한 기대에 장식된 종으로 세운 고사리무늬와 흡사한 것이 청양 학암리요지에서 확인되어 멀지 않은 곳에서 금강의 수로를 통하여 유통된 것이 아닌가 한다.[152] 공주 송산리고분군에서 수습한 것으로 알려진 기대와 유사한 형태가 부여 중정리요지에서 확인되었다. 공주 도천리에서 발견된 개배는 최근 영산강유역의 나주 복암리고분군에서도 확인되고 있어 영산강유역에서 서해바다를 통하여 금강유역으로 물품이 유통된 것으로 보인다. 이러한 것은 남부지방에 활발한 문화정책을 펴서 영산강유역의 생산품을 공급받은 예이다. 영산강유역은 특히 일상생활용보다 고분부장용 토기의 생산이 활발해져서 중앙에서는 볼 수 없는 독특한 토기문화를 창출하기도 하였다.

사비시기는 웅진시기보다 더욱 발달된 유통망체계에 따라 지정된

---

152 김종만, 2007, 「청양 학암리요지 출토유물의 의의」 『신백제발굴문화재 특별전 도록-그리운 것들은 땅 속에 있다-』, 국립부여박물관.

사진 75. 부여 정동리 C지구요지 수습
회청색경질토기

사진 76. 부여 정동리 C지구요지 수습
회색토기

요에서 각 수요처로 공급되었다. 사비시기 백제토기의 공급에 따른 생산유통은 여러 가지로 생각해볼 수가 있겠다. 첫째는 왕실을 포함한 도성내부용, 둘째는 중앙에서 사용하면서 지방으로 분배한 보급용, 셋째는 사찰용, 넷째는 고분부장용 등으로 나누어 살펴볼 수 있다. 공급토기류는 회청색경질토기류, 흑색와기류, 회색토기류, 칠토기류 등 다양한데, 요지는 주로 금강유역에서 확인되고 있어서 중앙정부의 통제에 의해 이루어진 것으로 보인다.

부여 정동리 요업단지는 6세기 초부터 경영을 시작한 이후 사비시기를 통하여 도성 내, 외부에 토기를 공급하였는데 호류, 삼족토기 등의 회청색경질토기, 완 등의 회색토기가 있다. 회청색경질토기는 청양 왕진리요지에서도 만들어 공급되었다. 흑색와기류는 청양 관현리 질평요지, 부여 초촌 송국리·정암리요지에서 공급하였을 가능성이 높다. 그리고 완, 전달린토기, 배, 발, 접시에 발려진 칠의 생산지는 토기에 사용된 칠을 과학적으로 성분 분석하여 공급지를 확인하거나 칠용기에 대한 제작처를 알아보는 것이 급선무라 할 수 있다. 칠토기의 생산은 부여 능사, 부소산성과 궁남지에서 칠을 담았던 용기가 확인되고 있어 공헌貢獻한 칠을 토기 사용처에서 발라 사용했을 가능성

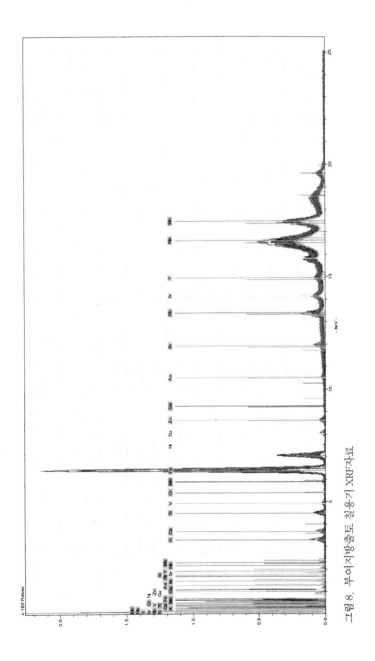

그림 8. 부여지방출토 청동기 XRF자료

이 높다.[153] 칠을 담았던 용기는 소형호(궁남지), 직구소호·뚜껑(능사)이 있는데, 이 중 궁남지에서 확인된 소형호와 능사에서 발견된 직구소호는 칠생산지에서 담아 보낸 용기로 보인다. 부여지방에서 출토한 칠용기 및 칠토기를 XRF분석을 통해 얻어진 자료를 볼 때 성분이 모두 유사하게 나타나고 있어 어느 한 지역에서 특정한 집단에 의해 국가에 공헌한 것으로 보인다.

4 규격토기의 제작

백제에서 통치조직이 체계적으로 정비된 시기는 3세기 중엽 경으로 알려지고 있다.[154] 백제는 여러 가지 제도를 만들어 사용하고 있었지만 토기에 대한 기록은 남아있지 않다. 한성백제 토기를 규정하는 양식이 곧 규격화를 의미하는 것은 아니지만 규격토기의 제작은 한성시기 초기부터 있었을 가능성이 높다.[155] 『삼국사기』33, 「잡지」기용조의 기록을[156] 보면 소략하기는 하지만 신라의 기용器用에 대한 규정이 있어 백제의 경우도 유추하여 볼 수 있지 않을까 한다.

백제토기의 규격화는 토기를 전담하던 부서와 그것을 총괄했던 사람도 있었음을 추정하게 한다. 『日本書記』[157]에 의하면 위덕왕 35년

---

153 金鍾萬, 2006, 「泗沘時期 百濟土器の生産と流通」『鹿園雜集』8집, 奈良國立博物館, pp.53~69.

154 李基白·李基東, 1983,『韓國史講座(古代篇)』, 일조각, pp.135~137.
    노중국, 1988,『백제정치사연구)』, 일조각.

155 지금까지 규격토기의 등장은 사비시기에 들어와 나타난 것으로 보았지만 백제 토기를 규정하는 기종의 등장이 이미 한성시기에 이루어지고 있기 때문에 시기가 올라갈 가능성이 높다.

156 『三國史記』33, 雜志 第2 器用條.

(588)에 백제가 일본으로 파견한 전문공인 중 와박사가 포함되고 있는데, 이 와박사가 토기제작에 관한 사항도 총괄했을 가능성이 높다. 실제로 부여지방에서 확인된 백제요지 중에는 기와와 토기가 공반유물로 발견되고 있고, 토기요지에서 발견된 토기의 문양 타날기법 또는 소성방법이 백제기와의 제작 공정과 비교해볼 때 유사성이 인정되고 있다.[158] 이와 관련하여 토기의 규격화가 바로 박사제도와 관련이 있는 것이 아닌가 한다. 백제의 박사제도는 근초고왕 때 처음 보이지만 이때부터 흙을 다루는 박사가 있었는지는 알 수 없다.[159] 다만 풍납토성에서 확인된 와당을 통해 볼 때 틀로 만든 규격화된 제품을 사용하고 있는 것으로 보아 이 시기부터는 토기도 규격화했을 가능성은 충분히 있지만 어느 기종이 적용되었는지 확언할 수 없다.

그러나 웅진시기를 지나 사비시기에 들어오면 토기에 대한 규격화가 확실하게 나타나고 있음을 볼 수 있다. 사비시기의 토기 중에 규격성을 갖고 전문화된 집단에서 만든 것으로 흑색와기와 회색토기를 들 수 있다.[160] 흑색와기는 금강유역의 부여와 익산지방에서 동일 기종이 확인되고 있어 주목되는데, 연가, 완, 시루, 등잔 등의 기종이 규격성을 갖고 있다. 회색토기는 사비시기 백제토기의 전문화, 규격화와 분업화를 한꺼번에 볼 수 있는 귀중한 자료이다. 회색토기는 완, 전달린 토기, 접시, 병, 고배형기대 등을 들 수 있다. 이들 토기는 흑색와기와 마찬가지로 매우 고운 태토를 이용하여 만들었으며 중국도자기처럼

---

157 『日本書紀』21, 崇峻天王 元年 是歲條.
158 金鍾萬, 2000, 「사비시대 백제토기에 나타난 지역차 연구」『과기고고연구』7집, 아주대학교박물관, pp.81~144.
159 『三國史記』24, 百濟本紀 第2 近肖古王條.
160 회청색경질토기도 규격화한 토기가 있을 수 있다. 그것은 문방사우 중 하나인 벼루를 들 수 있는데, 관청 등에서 주로 사용했던 것으로 규격화했을 가능성이 높다.

정제되어 있다.

이러한 기종들이 사비시기에 나타나고 있는 것은 율령과 깊은 관련이 있는 것으로 보인다. 회색토기는 부여지방의 백제사지를 비롯하여 익산 왕궁리유적 등 생활유적에서도 수습되고 국가에서 일부지역에 보급까지 한 것을 보면 회색토기는 국가의 통제 하에 만들어진 최상最上의 공헌토기이다.

5 녹유기의 등장

백제는 중국과 교류를 하면서 지속적으로 수입품의 목록에서 빠지지 않았던 것이 도자기 제품이다. 백제시대에 수입된 도자기는 당시 최고의 작품으로 알려지면서[161] 백제인이 명품을 고르는 품격이 매우 뛰어났음을 알 수 있다.

녹유기의 등장이전에 한성시기 백제 장인은 흑색마연토기의 제작을 통해 시유기를 재현해보려는 의지가 있었지만 노력에 비해 생산력의 저하가 큰 관건이었을 것이다. 흑색마연토기는 웅진시기에 들어와 소멸하며 새로운 대체품의 생산에 주력하였을 것이다. 중국에서 수입된 도자기와 금속기는 공급량이 부족하였을 것이고 이로 인해 모방품

---

161 金姸秀, 1994, 「傳 扶餘 發見 中國靑磁벼루에 대하여」『考古學誌』제6집, 한국고 고미술연구소, pp.97~106.
　　李鍾玟, 1997, 「百濟時代 輸入陶磁의 影響과 陶磁史的 意義」『百濟研究』27집, 충 남대학교백제연구소, pp.165~194.
　　김영원, 1998, 「百濟時代 中國 陶磁의 輸入과 倣製」『百濟文化』27집, 공주대학교 백제문화연구소, pp.53~80.
　　李蘭暎, 1998, 「百濟地域出土 中國陶磁 研究」『百濟研究』28집, 충남대학교백제연 구소, pp.213~244.

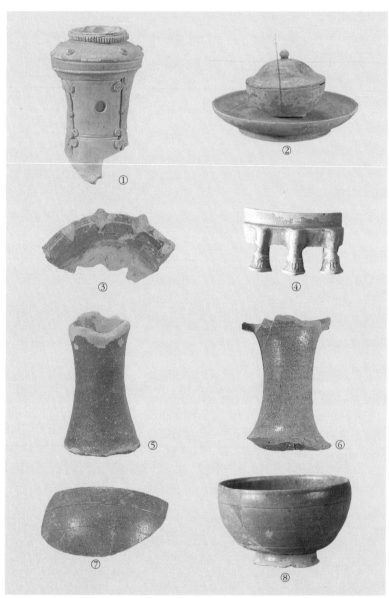

사진 77. 각종 녹유기(①부여 능산리 기대편, ②나주 복암리 1호 탁잔, ③순천 검단
산성 벼루편, ④부여 부소산성 벼루편, ⑤부여 능사 병편, ⑥부여 동남리 병편, ⑦
부여 동남리 완편, ⑧여수 고락산성 잔)

제작이 이루어진 것으로 보인다. 모방품으로서 나타난 것이 흑색와기이다. 흑색와기 중 완이 가장 널리 만들어진 용기이며 태토, 소성의 면에서 흡수율을 제어하기 위해 한 단계 더 끌어올린 것이 칠용기와 회색토기이다. 녹유기의 생산은 이보다 약간 늦을 가능성이 있으나 녹유에 대한 시유는 6세기 중엽경으로 알려지고 있다.[162]

물론 이전시기의 토기제작에 1,000℃가 넘는 소성온도를 통해 규산질이 녹아 자연유가 생성되고 있음을 백제장인은 알았을 것이다. 그러나 중국으로부터의 기술 이전 등 여러 가지 어려움으로 인하여 도자기의 생산은 끝내 이루어지지 않았으나 6세기 중엽을 전후한 시점에 토기보다는 불상에 녹유가 있는 제품을 처음으로 생산하게 되었다. 이 불상은 부여 정림사지에서 발견된 것으로 생산처에 대하여는 아직 확언할 수 없으나 정림사지 동쪽 인근에서 발견된 평요가 가장 유력하다. 이 평요에서는 중국 남북조시기의 청자편이 확인된 곳이기도 하다. 이러한 과정을 거치면서 녹유기 생산에 국가차원의 생산주문이 있었을 것으로 보이며 마침내 부여 쌍북리북요지에서 녹유기의 탄생이 이루어진 것으로 보인다. 이후 녹유기는 기대, 벼루, 완, 탁잔, 유개호 등으로 기종을 넓혀갔으며 생산된 제품은 국가에서 직접 남부지방에 이르기까지 공급한 것으로 보인다.

사진 78. 유개녹유호(익산 왕궁리)

162　李鍾玟, 1997, 앞의 논문.
　　　김영원, 1998, 앞의 논문.

6 명문銘文 · 기호記號

백제토기 중에는 문자나 기호를 쓰거나 새기거나 찍혀있는 것이 한 성시기부터 나타나고 있다. 토기에 문자를 남기는 과정은 장인만이 알 수 있는 고유한 것일 수도 있지만 나름대로 큰 의미를 갖고 있다. 시기별로 살펴보면 다음과 같다.

한성시기 토기에 문자가 있는 것은 풍납토성에서 확인되었다. 풍납 토성 경당지구 9호 대형수혈에서 출토한 '정' 井 · '대부' 大夫명 직구호 는 동물뼈, 생선뼈 등과 공반되어 제사를 지낸 특수한 유구에서 수습 된 것으로 2점 모두 공히 어깨에 글씨를 새겼다. '정' 井이라는 것은 문 자로 볼 때와 기호로 볼 때의 의미가 다르다고 한다. 즉, 문자라고 하 였을 때는 수신水神과 관련이 있고, 기호일 경우는 질병을 막아주는 벽사辟邪 의미로 해석하기도 하나 정확히는 알 수 없다. '대부' 大夫는 국내외 사서史書에 기록되지 않았으나 관직명官職名 또는 일정 수준 이 상의 관료에 대한 호칭일 가능성이 있다는 견해가 제시되고 있지만 아차산 시루봉 보루에서 발견된 '대부정대부정' 大夫井大夫井명 단경호로 보아 기우제祈雨祭와 관련된 종교적 의미의 단어로 추정하기도 한 다.[163]

한성시기~사비시기에 이르기까지 개배의 밑바닥에는 'X', 'V', '∠' 등 알 수 없는 기호를 새긴 것을 볼 수 있는데, 청주 신봉동고분, 공주 도천리, 나주 복암리고분에서 확인할 수 있다. 이러한 기호들은 죽음과 관련된 벽사의 의미로 해석되기도 한다.[164] 이 기호는 가야토기, 신라토기에도 나타나고 있어 토기 제작 시 일반화된 것으로 보인다.

---

163 권오영 · 권도희 · 한지선, 2004,『풍납토성Ⅳ』, 한신대학교박물관.
164 국립청주박물관, 2000,『한국 고대의 문자와 기호유물』.

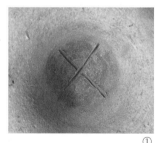  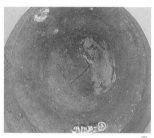

①　　　　　　　　　　　②　　　　　　　　　　　③

사진 79. 각종 기호(풍납토성)

웅진시기의 명문토기는 아직 밝혀진 것이 없으며 사비시기에 들어
와 부여지방을 중심으로 대량 확인되고 있다.[165]

부여 관북리 추정왕궁지·부소산성에서 수습된 북사北舍명 토기에
대하여 알아보면 다음과 같다. 북사명 토기는 대형호의 경부頸部와 중
형호의 견부肩部에 지름 1.7~2.7cm 내외의 둥근 오목면凹面내에 '北
舍'가 양각으로 찍혀 있다. 글자체는 약간씩 다르게 나타나고 있어
'북사'명 도장은 여러 개가 있었던 것으로 보인다. 북사北舍란 북쪽에
있는 건물을 가리키는 것으로 당시의 공공기관에 딸린 부속건물이거
나 제사와 관련된 시설물로 추정된다.

부여 능사에서 수습된 대형호의 몸체에는 세로방향으로 비교적 큰
글씨로 '계문작원□'係文作元瓨라는 글자를 음각으로 유려하게 새겼다.
'계문係文이 원□元瓨를 만들다'란 의미로 풀이 되는데, 이로 보아 원□
元瓨이란 용어 자체가 토기를 지칭하는 이름이거나 아니면 瓨이 토기
를 지칭하는 이름이 되어 '계문이 가장 좋은 瓨를 만들다'라는 뜻으로
이해된다. 이는 '瓨'에 질그릇이란 의미가 내포되어 있는 와瓦자가 사
용된 것에서도 알 수 있다. 장인의 솜씨를 미화한 것으로 보인다. 또한

---

165 국립부여박물관, 2003,『백제의 문자』.

이곳에서 수습된 대형토기편에는 격자문과 함께 방형으로 구획한 중앙에 '대' 大자가 연이어 압인되어 있는 것도 있다.

부여 관북리 추정왕궁지 수혈주거지(철기제작소)의 우물로 사용된 '소상' 小上명 우물통은 아래 위가 뚫린 원통형圓筒形으로 몸체의 아래와 위에 각 4개씩의 띠모양 손잡이가 달려 있다. 전체적으로 위로 올라가면서 조금씩 지름이 좁아지며, 아가리에는 다시 그 위에 다른 것을 끼워 올릴 수 있도록 단段을 만들었다. 글씨는 그 단의 아래에 세로로 새겨져 있으며, '작은 구멍이 위에 해당한다.'라고 해석할 수 있다.

부여 도성 내외부 · 익산지방의 추정왕궁지, 건물지, 사지 등에서 수습된 회색토기 완에는 '七'· '六'· 'T' 등의 글씨가 몸체의 아래 부분에 음각되어 있다. 이러한 글씨 외에도 '×'· '∨' 등의 기호가 똑같은 부위에 새겨져 있어 그릇의 크기나 쓰임새[用途]를 표시한 것으로 추측되고 있으며 토기의 규격화와 관련이 있다.

또한 부여 정암리 B지구요지에서 발견된 완의 바깥 바닥에는 '군문' 軍門이라는 글씨가 음각되어 있다. '군문' 軍門은 '군영軍營의 입구' 또는 '군대'를 비유하여 이르는 말인 점을 감안하면 '軍門'이란 글씨는 군수용軍需用임을 표기한 것으로 해석된다. 특히 정암리요지에서 생산한 제품의 수급처를 알 수 있는 자료이다. [166]

부여 용정리 소룡골에서 발견된 시루에는 '증' 甑이라는 글씨가 음각으로 새겨져 있다. 와질 시루의 구연부 조금 아래에 유려流麗한 서체로 된 '甑'이라는 글씨가 있다. 토기 바깥면은 평행선문이 타날되었는데, 글씨는 타날 후 새겼으며, 토기의 용도가 시루임을 알려주는 것이다. 부여지방에는 이 외에도 '대' 大, '사' 舍, '인' 人, '영휘' 令暉, '전' 前, '월이십' 月卄 등 다양한 글씨가 음각되고 있다.

---

166 김종만, 2004,『사비시대 백제토기 연구』, 서경.

사진 80. 각종 명문토기(①부여 능사 '係文作元聅' 명 대형단경호, ② ①의 세부, ③·④부여 관북리 추정왕궁지 '北舍' 명 토기

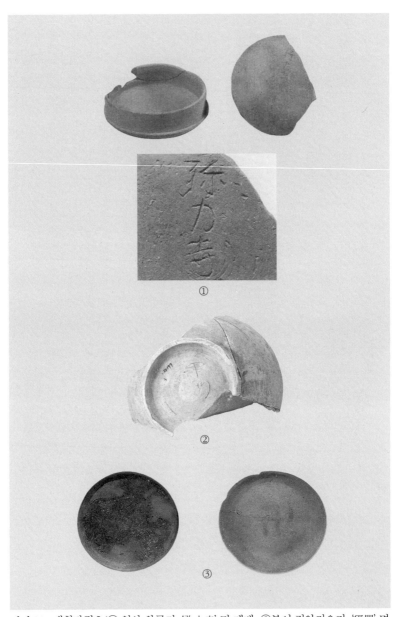

사진 81. 대형단경호(① 익산 왕궁리 '弥力寺' 명 개배, ②부여 정암리요지 '軍門' 명 완, ③나주 복암리 '卍' 자명 개배)

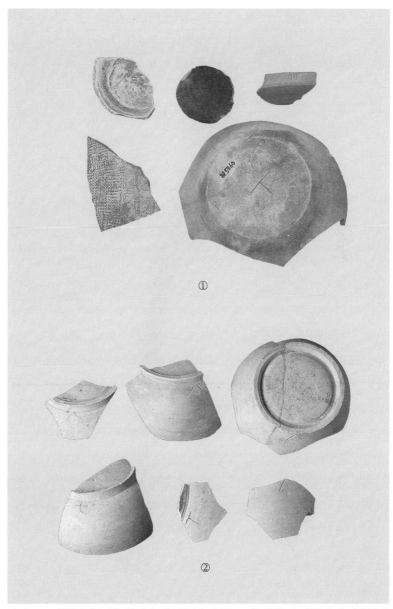

사진 82. 대형단경호(① 부여 능사 '令暉'명 등 토기, ②부여 관북리 추정왕궁지 '七'·'八'명 회색토기)

익산 왕궁리유적 조사에서 발견된 개배에는 '미력사□' 弥力寺瓺라는
글씨가 음각으로 뚜껑에 새겨져 있다. 이 글귀로 보면 개배가 미륵사
에서 사용했던 것을 말하거나 미륵사에 공헌을 목적으로 만들었을 것
으로 보인다. 미륵사에서 수습된 통일신라시대 토기편에 '대중십이년
大中十二年(858년) 미력사弥力寺'란 글귀로 보아 개배에 새겨진 미력사는
백제 때 창건한 미륵사를 지칭하는 것이 분명하다. 미력사 뒤에 나오
는 한자는 지금으로서는 알 수 없지만 부수가 '범' 几자처럼 보이지만
'와' 瓦자로 읽을 수 있어 흙을 가지고 제품을 만들었다는 의미가 담겨
있는 것이 아닌가 한다. 이 글자는 부여 능사에서 출토한 대형호의 몸
체에 새겨져 있는 '계문작원□' 係文作元瓺라는 글귀의 마지막 글자와 상
통하는 면이 있다.

나주 복암리 3호분 8호 석곽옹관묘출토 개배에는 뚜껑의 윗면과 접
시의 아래면에 '만' 卍자가 붉은 글씨로 쓰여 있다. '卍'은 경사스러운
일과 많은 덕행을 행한다는 길상만덕吉祥萬德을 뜻한다. 죽은 자에 대
한 불교적 의미의 기원이 담긴 것으로 추측된다.[167] 나주 복암리 1호분
에서 수습된 녹유탁잔의 받침인 접시의 바닥 면 중앙부에 '응□' 鷹□
자로 추정되는 2자의 먹글씨가 발견되었다. 이 글씨는 매와 관련된 습
속이 남아있는 마한 토착세력에서 사용한 백제의 별칭인 응준鷹準 · 응
유鷹遊와 관련된 것으로 보고 있어 흥미롭다.[168]

한편 백제지역에서 발견된 것은 아니지만 백제의 행정단위로 생각
되는 내용이 적힌 것이 경남 합천 저포리고분에서 수습되었다. 이 토
기는 무덤의 봉토에서 발견된 의례용儀禮用으로 외반外反한 아가리 윗
면에 끝이 날카로운 도구로 행서풍行書風에 가까운 서체로 '하부사리

---

167 국립문화재연구소, 2001, 『나주 복암리 3호분』.
168 임영진 · 조진선 · 서현주, 1999, 『복암리고분군』, 전남대학교박물관.

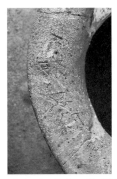

사진83. '下部思利利' 명 토기(합천 저포리)   사진 84. 사진 83의 세부

리'卜部思利利라는 글씨를 새겼다. 하부下部는 행정단위의 하나로 추정되며, 사리리思利利는 사람이름으로 풀이된다. 이 중 하부는 백제의 중앙 행정 단위인 5부五部 중 하나일 가능성도 있어 당시 백제와 가야와의 관계 연구에 중요한 자료로 다루어지고 있다.

지금까지 살펴본 문자가 있는 백제토기는 제사 공헌용, 장인명, 규격품을 알려주는 기호, 사용방법을 알려주는 것, 행정단위, 지역, 용도 등 다양한 의미를 내포하고 있음을 알 수 있으며 영성한 백제 문헌사를 보충해줄 수 있는 기초 자료로서도 의미가 깊다.

7 문양文樣

토기에 문양을 시문하기 시작한 것은 토기의 역사와 궤를 같이한다. 토기문양은 성형과정에서 남겨지거나 의도적으로 장식을 하는 경우가 있다. 토기 표면에 남겨진 문양은 형태와 더불어 토기연구에 직접적인 영향을 주고 있어서 매우 중요한 자료가 된다. 문양은 토기의 표면에 나타난 선과 더불어 백제인의 미적 감각을 느껴볼 수 있는 것

이다.[169]

백제토기 표면에 남아있는 문양을 살펴보면 두드린 것[打捺文], 새긴 것[刻文], 누르면서 두드린 것[押捺文], 눌러 찍은 것[押印文]이 있고, 이 외에 토기표면에 직물을 두른 후 그 위를 두드리거나 나무 봉에 직물을 감싸 토기 표면을 문질러서 나타난 것을 알 수 있다.

토기 표면을 박자로 두드려서 나타난 문양으로는 선문線文, 격자문格子文, 수지문樹枝文, 화문花文 등이 있다.

선문은 평행선문, 횡주横走 평행선문이 있으나 대부분 평행선문이 많다. 평행선문은 한성~웅진시기에는 평행선문이 서로 겹치지 않게 시문하고 있으나 사비시기에는 평행선문을 서로 교차하여 두드려 그 끝을 뾰족하게 만드는 특징을 갖는다. 백제고분에서 출토한 호류를 분석한 자료를 보면 승문 다음으로 평행선문이 많은 것으로 알려지고 있다.[170] 또한 청주 신봉동고분군에서 확인된 문양 중 가장 높은 비율을 차지하고 있는 것이 평행선문으로 알려지고 있다.[171] 횡주평행선문은 평행선문에 직교하여 횡으로 선문이 있는 것을 말한다. 격자문은 정격자, 장방형격자, 사격자 등이 있다. 격자문은 타날문토기의 도입 이래 꾸준히 나타나는 것으로 한성시기의 호류, 심발형토기에 주로 시문되고 있으며 사비시기까지 일부 토기에 사용되고 있다. 수지문과 화문은 충남 서천·부여지방의 사비시기 유적에서 수습된 호류에 나타나는 문양이다.

토기 표면에 끝이 뾰족한 도구를 이용하여 새기거나 긁어서 문양을

---

169 이내옥, 2006,「백제인의 미의식」『역사학보』192, 역사학회.

170 안승주, 1975,「백제고분의 연구」『백제문화』7 · 8합집, 공주대학교백제문화연구소.

171 全敬阿, 2001,『百濟土器의 施文方法-4世紀代 中西部地域 資料를 中心으로-』, 공주대학교석사학위논문.

사진 85. ①기하문(원문+십자문)

사진 86. 거치문

사진 87. ①원문, ②점열문

사진 88. 삼자 삼각문

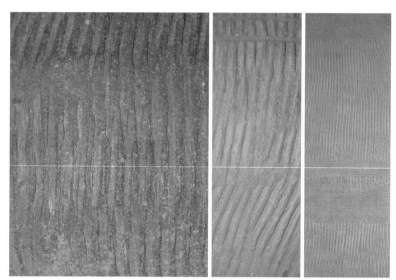

사진 89. 평행선문

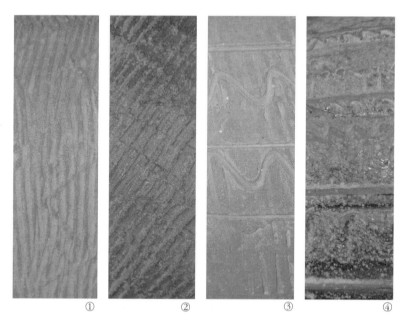

① ② ③ ④

사진 90. ①·②횡주평행선문, ③평행선문+파상문, ④파상문+구획문

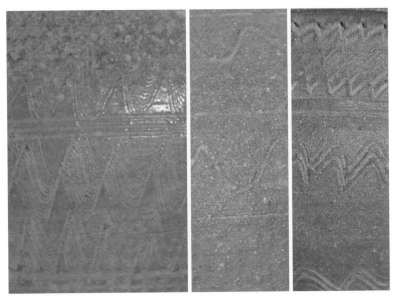

사진 91. 각종 파상문

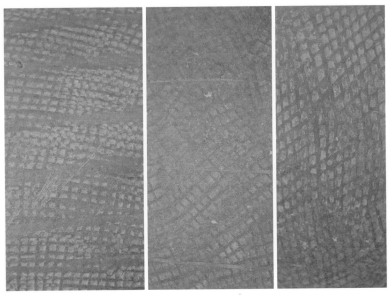

사진 92. 격자문

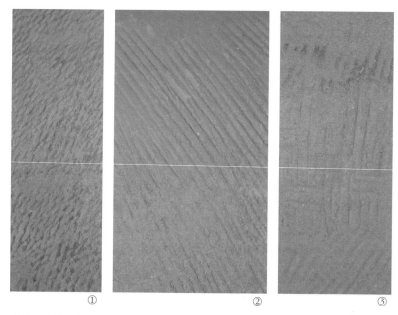

사진 93. ①·②승문, ③평행선문+기하문

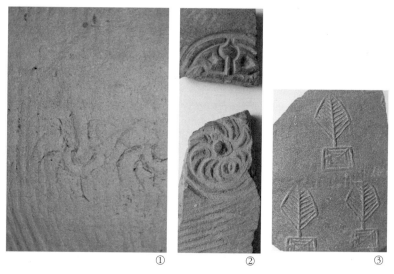

사진 94. ①평행선문+화문, ②화문, ③수지문

 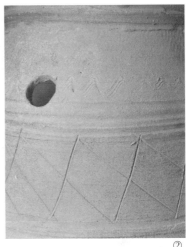

사진 95. ①얼굴문, ②사격자문

나타낸 것으로는 사격자문斜格子文, 파상문波狀文, 구획문區劃文, 기마인물문騎馬人物文, 암문暗文 등이 있다.

　사격자문은 직구호, 흑색마연토기의 견부에 나타나는 문양으로 한성시기에 한정되고 있다. 사격자문은 끝이 예리한 도구를 이용하여 새겼다. 파상문은 직구호에 주로 나타나며 2줄의 침선을 그어 문양대를 구획하고 그 내부에 파상문을 한 줄 돌린 것, 파상문을 상하로 2줄 돌린 것, 중간에 다시 침선을 그어 분할한 후 각각 한 줄씩의 파상문을 돌린 것, 밀집파상문을 돌린 것 등 다양하게 나타나고 있다. 파상문은 한성시기의 기대, 장경호에 나타나고 사비시기가 되면 대형호의 경부에도 배치된다. 구획문은 토기표면에 문양 없이 침선으로 그어 구획한 것을 말하며 직구단경호에 나타나는 것이다. 기마인물문은 특수한 것으로 충남 서산 여미리 13호 석곽분에서 수습한 병의 몸체에 새겨져 있다. 병에 시문된 기마인물문은 추상적이기는 하지만 말의 엉덩이에 사행상철기蛇行狀鐵器가 그려져 있어 백제 기마상 연구에 좋

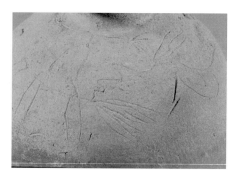

사진 96. 기마인물문이 있는 토기(서산 여미리)

사진97. 사진96의 세부

은 자료가 된다.[172] 암문은 토기표면을 긁어서 나타내는 문양으로 낙랑토기와 고구려토기의 영향으로 백제토기 일부에 문양이 나타나고 있다. 암문의 초기 형태는 서산 기지리의 흑색마연토기의 경부에 수직으로 긁어내린 것이며, 사비시기에 이르면 상하수직으로 교차하는 격자상의 형태가 흑색토기의 몸체에 나타나고 있다. 암문이 경부에 수직으로 나타나는 것은 낙랑토기에 보이고,[173] 몸체에 격자상으로 표현한 것은 고구려토기에서 확인할 수 있다.

토기 표면에 도장을 이용해 눌러서 압날押捺하거나 압인押印하는 것은 거치문鋸齒文, 삼자삼각문, 능형문菱形文, 원문+십자문 등의 기하문幾何文, 원문, 얼굴문이 있다. 기하문은 대형호의 어깨에 시문된 것으로 한성시기에 주로 확인되고 있다. 기하문은 박자의 모서리를 이용하거나 별도의 소형 박자를 만들어 스탬프로 찍듯이 압인하여 문양을 베푼다. 경기도 미사리 한양대 A-1호 주거지 출토 대형호의 견부에 있는 거치문은 박자의 모서리를 이용하여 문양을 압날하였다.[174] 서울

---

172 이상엽, 2001, 『瑞山 餘美里遺蹟』, 충청매장문화재연구원, p86의 도면 62.
173 국립중앙박물관, 2001, 『낙랑』.

풍납토성 경당지구 9호 유구에서 수습된 대형호의 견부에 있는 삼자 삼각문은 압인하여 나타난 것이다.[175] 원문은 삼족토기의 배신부 중간과 대상帶狀으로 꼭지를 부착한 뚜껑편에 끝이 둥근 붓 뚜껑과 같은 도구를 이용하여 찍은 것이 몽촌토성 출토 삼족토기, 부여 쌍북리 기대에 보인다. 그리고 서천 봉선리 3지역 20호주거지에서 발견된 토기 중에 원문이 압인된 것이 있다.[176] 얼굴문은 부여 부소산성·관북리 추정왕궁지의 사비시기 유적에서 확인된 토기 편에 도장을 찍어 연이어 나타냈으며 머리에 모자를 쓰고 긴 수염을 기르고 생각에 잠긴 듯한 모습으로 표현되어 있는데 백제인의 모습을 재현하는데 매우 중요한 자료이다. 도장은 아니지만 신라나 가야토기에서 볼 수 있는 점열형태點列形態의 인화문印花文이 풍납토성·몽촌토성·연산지방에서 수습된 기대편, 호류에서 확인된 예도 있다.

토기 표면에 직물을 두른 후 그 위를 두드리거나 나무 봉에 직물을 감싸 토기 표면을 문질러서 나타난 것은 주로 승문繩文, 격자문에서 찾아볼 수 있다. 흑색와기로 분류되고 있는 부여 관북리 연지 출토품은[177] 얇은 기벽에 깊게 시문된 문양을 보면 찍어낸 듯한 인상을 강하게 주고 있다.

---

174 배기동·윤우준, 1994,『美沙里』제2권, 한양대학교박물관, p239.

175 권오영·권도희·한지선, 2004,『풍납토성Ⅵ』, 국립문화재연구소·한신대학교 박물관, p75의 도면 27.

176 충청남도역사문화원, 2005,『舒川 鳳仙里 遺蹟−圖版−』, p223의 도판191−⑤.

177 尹武炳, 1985,『扶餘官北里百濟遺蹟發掘報告(Ⅰ)』, 충남대학교박물관. 도판26 a·b.

제6장

편 년

1 시기구분

백제토기는 1980년대 들어서 편년작업이 이루어지기 시작하였는데, 한강유역의 한성시기 백제토기가 정리되면서 본 궤도에 오르게 되었다.[178]

백제는 3번에 걸친 천도遷都에 따라 한성시기(~475), 웅진시기(475~538), 사비시기(538~660)로 나누어지는데 백제토기 편년에도 적용할 수 있는 기준이다. 이 3시기는 고고학뿐만 아니라 미술사를 포함한 백제사 전반에 걸쳐 편년기준으로 유용하다.

1) 한성시기

백제가 고대국가로 성장하는 3세기 중후반 경부터 웅진으로 천도하기 전까지의 시기가 한성시기이며 백제가 존속하는 기간의 ⅔가 넘는다. 한성시기의 백제토기 세부편년에 대하여는 한성Ⅰ기, 한성Ⅱ

---

[178] 박순발, 1998, 앞의 논문.

기, 한성Ⅲ기로 나누어 살펴볼 수 있다.

한성Ⅰ기는 백제토기가 등장하는 시기이다. 이 단계는 3세기 중후반 경에서 신기종이 추가로 등장하는 4세기 전후반 경 이전 시기까지이다.

이 단계는 한성백제가 아직 영역확장이 이루어지기 전이므로 서울의 한강유역을 중심으로 고대국가의 틀을 다질 때이다. 그러므로 이 시기의 유적은 한성백제의 중심지로 알려지고 있는 풍납토성 경당지구 101호 · 196호 · 가-2호 · 가-7호가 있고 파주 주월리 97-6호 주거지도 포함된다. 이 단계의 시작 시기를 결정한 주요 근거로는 풍납토성 경당지구 101호에서 수습한 시유도기施釉陶器 및 전문도기錢文陶器로 중국 후한後漢~동진대東晋代에 제작 · 사용한 것과 동일한 것으로 3세기 중후반의 연대를 갖는다.[179] 이 단계의 마지막 시기에는 가락동 2호분, 석촌동 즙석봉토분 등이 주요 유적이다.

한성Ⅱ기는 백제토기 신기종이 발전하고 기종이 추가로 등장하는 단계로 4세기 전후반 경부터 시작된다. 이전단계에는 없었던 고배, 삼족토기, 직구단경호, 기대, 광구장경호가 일상생활유적이나 고분유적에서 확인되고 있다. 한성Ⅱ기는 단경병과 횡병이 등장하기 전의 4세기 말까지 지속되었다. 이 단계는 한성백제가 서울의 한강유역을 벗어나 경기도지방을 비롯해 영역을 확장하는 시기이다. 이 시기의 대표적인 유적으로는 몽촌토성, 가락동 2호분, 미사리 고032 · 숭B-2호 주거지, 화성 마하리, 서산 부장리 · 기지리고분, 천안 화성리, 공주 수촌리 · 금학동, 함평 예덕리가 있다.

한성Ⅲ기는 백제가 영역확장에 따라 신기종과 전통기종이 남하하는 단계이면서 새로이 병류와 횡병 등의 기종이 추가되는 시기로 5세기

---

179 권오영 · 한지선, 2005, 『풍납토성Ⅵ』, 국립문화재연구소 · 한신대학교박물관.

초경부터 한성백제가 고구려의 남하에 의해 웅진으로 천도하는 475년까지이다. 풍납토성 경당지구 9호 유구는 한성백제 최말기 유구로 추정되는데 많은 수의 직구단경호가 출토되었으나 경질은 드물고 주로 마연된 것이 주류를 이루는 단계이다. 서울 몽촌토성, 용인 수지, 홍성 신금성, 원주 법천리고분, 천안 용원리고분, 청주 신봉동고분, 서천 봉선리고분, 논산 표정리·모촌리고분유적은 대표적인 곳이다.

한성시기는 잠정적으로 학계에서 통용되고 있는 Ⅲ기로 구분하였지만 웅진·사비시기보다 기간도 길고 백제토기가 탄생하여 시행착오를 거치면서 신기종들이나 전통기종들을 백제화하는데 있어 여러 분기가 작용하였을 것을 감안하면 각 시기는 좀더 세분될 수 있을 것이다. 그러나 이 시기는 백제고지에 대한 정치, 문화의 선도자리를 고수하고 있었지만 선진문화 수용 및 백제화에 많은 시간이 경과했을 것으로 생각되어 Ⅲ기로 구분한다.

2) 웅진시기

웅진시기는 백제가 고구려의 침략을 받아 문주왕이 공주로 남천하여 세운 475~538년 사이를 가리킨다. 웅진시기는 웅진Ⅰ기, 웅진Ⅱ기로 나누어 살펴 볼 수 있다.

웅진Ⅰ기는 고구려의 남천에 따라 밀려 내려온 백제가 정치적으로 안정을 찾기 위해 노력하던 시기로 문화적인 발전은 미약한 단계이다. 그러므로 백제토기는 한성시기 기종보다 발전한 것은 거의 없던 단계이다. 일상생활용보다 고분부장용이 아직까지 활발하게 부장되던 시기이다. 대표적인 유적으로는 공주 단지리·웅진동고분, 분강·저석리고분, 익산 입점리고분이 있다.

웅진Ⅱ기는 백제가 안정을 되찾던 시기로 무령왕 집권 이후~사비(부여)로 천도하기 이전단계로 볼 수 있다. 이 시기는 중국과의 문화교류가 활발히 진행되어 남북조의 새로운 문물이 유입되고, 일본과도 견고한 교류가 이루어진 시기로 백제토기 확장기이다. 이 단계의 대표적인 유적으로는 공주 산의리 · 정지산 · 공산성 연지, 나주 복암리 3호분 96석실묘 · 신가리 당가요지를 들 수 있다.

3) 사비시기

사비시기는 백제가 국가경영의 틀을 더욱 견고히 하고 대외교류를 원만히 펼치기 위해 부여로 천도한 538년에서 나당연합군에 의해 멸망하는 660년까지의 시기를 말한다. 이 시기는 백제문화의 완성기이면서 절정기로서 백제토기 또한 가장 완벽한 제품이 제작되고 있다. 사비시기는 사비 I 기, 사비 II 기, 사비 III기로 나누어볼 수 있다.

사비 I 기는 웅진시기의 기종을 그대로 사용하면서 주변국에서 이입되는 기형을 백제화하는 과도기적인 단계로 6세기 중엽 경까지 이다. 대표적인 유적으로는 부여 군수리 · 능사 하층 · 정동리A지구요지가 있다.

사비 II 기는 과도기적인 단계를 지나 백제화가 꾸준히 추진되면서 백제토기의 고급화를 실현하는 기간으로 회색토기가 등장하는 시기이다. 이 단계는 백제토기가 규격성을 가지면서 생산되고 보급이 엄격하게 제한되는 시기로 6세기 말경까지 이다. 이 시기의 대표적인 유적으로는 부여 능사 · 정동리C지구요지 · 정암리요지, 나주 복암리 3호분 등을 들 수 있다.

사비 III기는 일상생활용이 보편화되는 시기로 남부지방에 이르기까지 통일된 기종이 등장하는 단계이다. 부장용은 지역별로 부장양상이 다르게 나타나기는 하지만, 소형토기로 박장화되는 시기로 7세기 중엽까지 이다. 이 시기의 대표적인 유적으로는 부여 관북리 추정왕궁지, 논산 육곡리고분, 익산 왕궁리 · 미륵사지, 순천 검단산성 등을 들 수 있다.

2 주요기종의 형식과 편년

백제토기는 전술한바와 같이 수 십여 종에 이르는 기종이 있으며, 주요기종에 대한 형식과 편년에 대하여 살펴보면 다음과 같다.

1) 호

호는 외반구연호를 지칭하고 대형호, 중형호, 소형호로 나눌 수 있으며 저장용기로서 주로 이용되었고 고분부장용이나 관용棺用으로도 사용되었다.

대형호는 높이가 50cm이상으로 일상생활용과 부장용으로 발견되고 있는데, 난형卵形(I형식), 광견형廣肩形(II형식)으로 대별된다. 구연부의 형태에 따라 경부頸部에 장식이 없는 단순형(A), 경부에 돌대가 있는 것 (B)으로 세분된다. 한성I기에 해당하는 IA형식은 풍납토성 경당지구 101호 유구, 파주 주월리 '96-7호 주거지 출토품처럼 경부가 길고 몸체가 난형을 이루고 바닥에 원형의 굽이 있는 특징을 갖는다. 이러한 형태는 한성II기를 지나 한성III기에는 전체 모양은 비슷하나 원형 굽이 소멸된다. 웅진I기는 분강·저석리 16호 석실분 출토품이 있는데 난형이다. 웅진II기의 유적인 논산 모촌리 92-15호분·표정리 당골 출토품처럼 몸체는 난형보다 광견형으로 변하고 풍만해진다. 대형호는 한성시기, 웅진시기 보다 사비시기에 들어와 많이 만들어지고 쓰임새가 다양해진다.

사비시기 IIA형식은 경부가 낮아지고 몸체도 견부가 최대화되면서 광견화하고 있다. 사비I기에 해당하는 부여 능사 하층에서 수습된 IIA형식은 경부에 파상문을 시문한 것도 있다.[180] 사비III기가 되면 II

---

180 김종만, 2006, 「성왕시대의 백제 생활토기」『백제 성왕과 그의 시대』, 부여군 백제신서3.

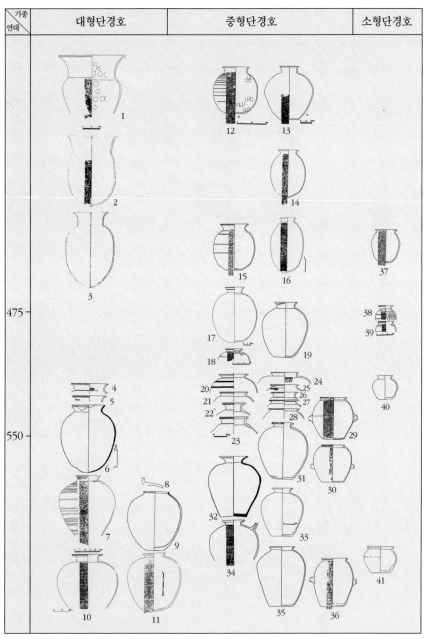

기종 연대	대형단경호	중형단경호	소형단경호

그림 9. 1 풍납토성 경당지구 101호, 2·13 파주 주월리 96~7호, 3 몽촌토성, 4·5·20~28 부여 능사 하층, 6 부여 염창리, 7 공주 정지산, 8·33·41 부여 관북리 추정왕궁지, 9 부여 장암, 10 익산 무형리, 11·34 익산 왕궁리, 12 풍납토성 가-2호주거지, 14 청주 신봉동 90A-13호, 15·37 몽촌토성 87-1호 Ⅲ층, 16 청주 신봉동 90A-20호, 17 분강·저석리 동-C호 옹관, 18·38·39 공주 정지산, 19 공주 공산성 연지, 29 부여 송국리, 30 부여 저석리, 31 부여 능사, 32 논산 육곡리, 35·36 부여 부소산성, 40 홍성 성호리

A형식은 옹관으로 사용되고 있는데, 특별히 호관묘壺棺墓라는 명칭으로 불려진바 있으며 일상생활용을 전용한 것으로 알려지고 있다.[181] 옹관으로 이용된 ⅡA형식은 부여지방의 경우 장고형기대를 뚜껑으로 사용하고 금동제이식 등 상위층 신분에서 사용하던 부장품이 들어 있어 상당한 신분에 속한 사람들의 무덤양식임을 알 수 있다. ⅡA형식은 공주 정지산출토 옹관에서 보는 바와 같이 구순의 선단이 꺾이고 구순 하부가 뾰족하게 되거나 몸체 하부가 견부보다 확연하게 좁아지는 형태로 변천하는 것으로 보인다.

ⅡB형식은 구연부가 약간 외반하고 경부에 1조의 돌대가 있는 것으로 사비시기에 처음 등장하는 형식이다. 부여 관북리 추정왕궁지·부소산성·장암면, 익산 미륵사지·왕궁리에서 발견되었다. 부여 관북리 추정왕궁지 출토품은 경부와 견부에 '북사' 명 인장이 있는 것이며, 부소산성출토품은 인장의 유무는 알 수 없지만 동일유형의 것이다. 부여 장암면에서 수습된 것은 명문이 없고 발견상황이 자세히 알려져 있지 않으나 일상생활용이 아닌 다른 용도로 전용된 것이 아닌가 한다. ⅡB형식은 한성·웅진시기는 물론 영산강유역에서도 발견예가 없는 것으로 발견 유적의 종류 및 공반유물로 볼 때 상류층에서 특별히 제작하여 사용한 것이라고 할 수 있다.[182] 즉, 이전시기의 계통에서 벗어나는 형태라고 할 수 있다. Ⅱ형식의 범위는 북쪽 한계가 금강이남, 남쪽 한계가 익산지방이다.

중형호는 높이가 20~50cm사이로 마한에서 유행한 편구형호의 후

---

181 姜仁求, 1977, 『百濟古墳研究』, 일지사, pp.139~167.
182 이 형식은 특별히 회색토기와 공반하여 부여 관북리 추정왕궁지에서 수습되었다. 경부에 1조의 돌대가 있는 것은 꼭 같다고 할 수는 없지만 분강·저석리고 분군의 석실분과 옹관묘에서 수습된 난형호와 유사한데 같은 계통으로 보기에는 여러 검토가 필요하다.

신으로 등장하며, 난형(Ⅰ형식), 구형(Ⅱ형식), 광견형(Ⅲ형식)으로 나눌 수 있다. 소성도에 따라 경질(A), 와질(B)로 구분된다. 그리고 구연부의 형태에 따라 단순외반형(a), 경부가 직립하며 올라가다 구순이 바라진 것(b), 경부가 사선으로 벌어진 것(c), 경부가 곡선을 이루어 벌어지며 구순 중앙에 요면凹面이 있는 것(d)으로 세분된다. 바닥은 원저圓底, 상저上底가 주를 이룬다.

한성Ⅰ기는 ⅠAa형식이 풍납토성 가–2호주거지에서 발견되고, 동시기에 ⅢAc형식이 파주 주월리 '96–7호 주거지에서 확인되고 있다. 한성Ⅲ기에 이르기까지 상기 형식들이 지속되고 있으며 몽촌토성 '87–1호 저장공Ⅲ층 출토품은 Ⅰ형식인데 몸체가 약간 길어지고 상저로 한성Ⅲ기의 대표적 유물이다. 그리고 몽촌토성 85–2호 저장혈 출토품에서는 b형의 구연 형태도 보인다. 한성Ⅱ기의 Ⅱ형식은 일상생활유적 뿐만이 아니라 화성 마하리고분군, 청주 신봉동고분군에서도 부장품으로 발견되고 있다. 서울 석촌동고분군에서 수습된 흑색마연토기도 이 시기에 해당한다. 그리고 한성 Ⅲ기의 초에 해당하는 원주 법천리 4호분출토품인 ⅡAb형식은 중앙에서 동진東進하여 지방으로 보급된 현황을 알려주는 자료이다.[183] 이러한 점은 한성시기에 Ⅰ형식과 Ⅱ형식이 남한강을 따라 강원도일부와 금강유역 부근까지 전파한 것을 말해주고 있는 것이다. 공주와 부여의 군계郡界에 있는 분강·저석리 14호 석실분에서 발견된 ⅠBd형식은 몽촌토성 출토품과 유사성이 인정된다. 익산 입점리 3호분 출토품은 Ⅰd형식으로 바닥은 오목하게 들어갔다.[184]

웅진시기는 Ⅰ형식과 Ⅱ형식이 확인되고 있다. 공주 웅진동의 석곽

---

183 송의정·윤형원, 2000,『法泉里Ⅰ』, 국립중앙박물관, p.276 사진100.

184 문화재연구소, 1989,『익산 입점리고분』, p.53 圖 51.

에 옹관으로 사용된 Ⅰ형식은 웅진Ⅰ기에 해당한다.[185] 분강·저석리 16호 석실분출토 토기는 웅진동 Ⅰ형식보다 약간 구형화하고 있지만 이 시기에 속한다. 공주 산의리 21호분 출토품을 보면 웅진Ⅰ기의 말기쯤에는 ⅡAd형식으로 변화하는 것으로 보인다.[186] 광주 쌍암동 석실분 출토품은 미사리숭B-2호주거지·몽촌토성 '87-3저장공 출토품과 유사성이 인정되며 웅진Ⅰ기의 이른 시기로 상정된다.[187] 웅진Ⅱ기는 공주 공산성 추정왕궁지 연지출토품에서처럼 Ⅱ형식과 Ⅲ형식의 과도기적인 형태를 하고 있다.

사비시기는 Ⅲ형식으로 통일되고 있다. ⅢA형식은 부여 관북리 수혈주거지(철기제작소)·궁남지에서 발견된 것과 같이 몸체와 저부의 경계지점을 깎기 기법으로 처리하는 형태로 변한다. 그리고 다시 부여 부소산성에서 발견된 바와 같이 몸체가 광견형이면서 장통형으로 변천하는 것이 아닌가 한다.[188] 이러한 현상은 7세기 이후로 편년되고 있는 익산 미륵사지출토품을 통해 볼 때 높이에 변화가 있어 최말기 형식으로 갈수록 몸체가 길어지는 형태를 취하고 있음을 알 수 있다. 이 시기의 일상생활유적인 부여 능사와 익산 왕궁리에서는 Ⅲ형식의 몸체 중간에 주구注口가 부착된 것이 확인되고 있다. 부장용 ⅢA형식은 홍성 성호리 9호분 출토품을 볼 때 구순 외부 아래에 돌기가 존재하는 점은 웅진시기 외반호의 특징을 간직하고 있다. 그러나 몸체가

---

185 安承周, 1981,「公州熊津洞古墳群」『百濟文化』14집, 공주대학교백제문화연구소, p.17 도면 4-①.

186 李南奭, 1997,『汾江·楮石里 古墳群』, 공주대학교박물관, p.214 도면 95.
_____, 1999,『公州 山儀里遺蹟』, 공주대학교박물관, p.247 도면 192의 ①.

187 林永珍, 1996,「全南의 石室墳」『全南의 古代 墓制(圖面·寫眞)』, 목포대학교박물관, p.492 도면 6-⑤.

188 김종만, 2006,「부소산성출토 토기 소고」『부소산성유적고증 연구』, 한국전통문화학교.

광견화되고 바닥이 평저로 바뀐 점은 외반호의 형태 변화를 내포하고 있어 제작시기를 웅진Ⅱ기 말 또는 사비Ⅰ기로 볼 수 있다. 또한 구연부와 저부·몸체 경계부의 변화를 거쳐 발전하며 논산 육곡리 2호분 출토품처럼 저부가 더 좁아지고 최대동경이 최대한 위로 올라간 기형으로 변하면서 소멸하는 것이 아닌가 한다. 한편 서산 여미리 2호 와 관묘출토품과 부여 송국리 '75-56지구 옹관묘출토품은 와질로 소성된 특징을 갖고 있다.

영산강유역에서는 순천 대안리 소안요지에서 ⅢA형식이 발견되고 있는 것을 보면 자체적으로 토기를 공급할 수 있는 지방 생산시설 체제가 이루어졌음을 알 수 있다. 영산강유역 부장용 ⅢA형식은 함평 월계리 석계 '90-2호출토 외반호는 아직 웅진Ⅱ기의 특징을 간직하고 있지만 전남지방 사비Ⅰ기의 형태라 할 수 있다. 이러한 형태와 비슷한 것이 나주 복암리 1호분 연도출토품이다. 나주 복암리 1호분 연도 출토품은 몸체의 최대동경이 약간 위로 올라갔으며 몸체와 바닥의 경계가 명확해지고 있어 함평 월계리 석계 '90-2호 출토품보다 약간 후행하는 형식이다. 나주 복암리 1호분 연도 출토품보다 발전한 형태가 함평 월계리 석계 '91-6호분 출토품이라고 생각되는데, 구연부는 경부의 구성없이 급하게 외반되고, 광견형 몸체와 바닥의 경계지점은 뚜렷하게 구분되고 바닥이 완전 평저를 이루고 있기 때문이다.

ⅢB형식은 부여지방을 중심으로 발견되며, 표면이 평행선문 타날에 흑색으로 제작된 특징을 갖는다. 부여·공주지방에서 발견된 ⅢB형식 중에 표면이 흑색과 다르게 나타나고 있는 것은 토기표면에 본래 탄소가 흡착되어 있었던 것이 지하에서 습기로 인해 탈락된 경우로 추정된다. 그리고 ⅢB형식 중에는 몸체 중앙부에 대칭으로 대상파수帶狀把手가 부착된 특징을 갖는 것이 있다. 금강유역에서 부여지방을 중심으로 주변지역은 일상생활용보다 관용(옹관, 화장장골용기)으로

사용하고 있다. ⅢB형식은 분강·저석리 5호 옹관이 비교적 빠른 단계로 보이고, 부여 송국리 '75-56지구 옹관처럼 Ⅲ형식과 공반하는 것과 같은 형식으로 변하며, 전주 중화산동 2호 화장장골용기처럼 변천하는 것이 아닌가 한다.

소형호는 높이가 20cm 미만으로 중형호와 비슷한 형식을 갖는다. 한성시기는 원저의 형태도 있지만 평저, 와질소성이 많다. 석촌동고분에서 확인된 소형호는 평저광견호, 원저호, 쌍호가 확인되고 있다. 서산 부장리에서 수습된 소형호는 단순구순에서 요면凹面이 있는 구순으로 변화하고 있음을 알 수 있다. 웅진·사비시기는 평저로 만들어지지만 급감하고 있으며, 공주 정지산, 홍성 성호리 9호분, 부여 관북리 추정왕궁지 연지에서 발견된 것이 대표적이다.

2) 광구장경호廣口長頸壺

광구장경호는 한성시기 부터 웅진시기에 걸쳐 사용된 주요 기종 가운데 하나로서 크게 벌어진 긴 목을 특징으로 하고 있으며, 경부에 돌대가 없는 것(Ⅰ형식), 경부에 돌대가 있는 것(Ⅱ형식)으로 나눌 수 있다. Ⅱ형식은 돌대만 있는 것(A), 돌대와 파상문이 결합된 것(B)으로 세분할 수 있다. 광구장경호는 서울·경기도, 충청도, 전라도지방에 걸쳐 넓은 분포를 갖는 것으로 백제가 지방으로 영역을 확대할 때 전파된 것으로 보인다.

광구장경호는 풍납토성, 몽촌토성 등 생활유적에서 먼저 사용되기 시작한 것으로 한성Ⅰ기에는 Ⅰ형식이 사용되다가 한성Ⅱ기부터는 Ⅱ형식이 많이 사용되고 있다. 한성Ⅱ기부터는 고분에 부장품으로 들어가기 시작하며, 한성Ⅲ기에 들어와서는 대부분의 고분에서 확인되고 있다. 금강유역의 서천 둔덕리에서 확인된 기형은 전형적인 Ⅰ형식으로 문화전파 과정을 살펴볼 수 있는 것이며, 분강·저석리 고분

기종 연대	광구장경호	광구단경호	직구단경호

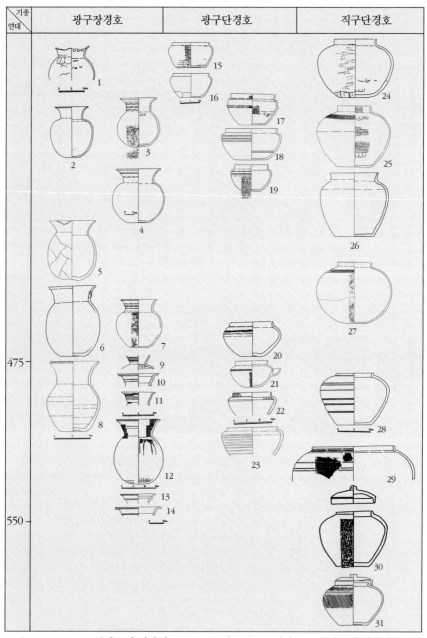

475 ─
550 ─

그림 10. 1 · 15 · 24 풍납토성 경당지구 101호, 2 석촌동 3호 석곽묘, 3 풍납토성 경당지구 127호, 4 몽촌토성 동북지구 1호 저장공, 5 몽촌토성, 6 서천 둔덕리, 7 천안 용원리 12호분, 8 · 21 분강 · 저석리, 9~11 · 22 공주 정지산, 12 대전 월평동, 13 · 14 · 29 부여 능사 하층, 16 풍납토성 가-2호 주거지, 17 · 25 천안 용원리 9호 석곽묘, 18 몽촌토성 87-3-1호 저장공, 19 몽촌토성 87-1호 저장공, 20 서천 당정리, 23 청양 학암리요지, 26 함평 예덕리 만가촌고분군 13-3호, 27 천안 용원리 2호 토광묘, 28 공주 공산성 연지, 30 함평 월계리 석계고분, 31 부여 쌍북리

군 바호 매납유구출토품은 금강유역에서 확인되는 Ⅰ형식의 마지막 단계로 보인다. 이후 Ⅱ형식이 금강 이남지역으로 전파·보급되면서 몸체가 광견형으로 변하고 경부가 몸체와의 경계지점에서 좁게 만들어져 올라가다가 갑자기 입을 크게 벌려 의도적으로 과장되게 만들고 있는 기형으로 변한다. 영산강유역에 있어 광구장경호는 영암 만수리 4호분 3호 토광묘출토품·무안 맥포리출토품에서처럼 광구장경호의 전체 형태가 금강유역 출토품과 비슷하지만 바닥이 상저上底가 아닌 평저로 변하고, 나주 복암리 1호 북쪽 주구·2호 북쪽 주구에서는 금강유역 출토품과 같은 변화 양상이 나타나고 있다.

광구장경호는 웅진Ⅱ기의 공주 정지산, 대전 월평동에서 확인되며, 사비Ⅱ기까지 부여 등지에서 발견되고 있다. 한성시기의 Ⅰ형식은 웅진Ⅰ기에 소멸하고, 사비시기에는 Ⅱ형식만 수습되고 있으나 사비Ⅱ기에 소멸한다. 사비Ⅱ기에 발견되는 광구장경호는 소량이며 부여 능사 하층에서 확인되었다.[189]

한편 광구장경호를 축소한 듯한 기형에 몸체에 원공이 있는 유공호는 금강유역~영산강유역에서 강한 출토 예를 보이는 기종으로 중국 동·서진대 계수호鷄首壺의 영향에 의해 나타난 것으로 보는 견해도 있다.[190]

사진 98. 유공호(광주 월계동고분)

189 김종만, 2006, 「성왕시대의 백제 생활토기」『백제 성왕과 그의 시대』, 부여군백제 신서3.
190 小池寬, 1999, 「有孔廣口小壺の祖型」『朝鮮古代研究』第1號, 朝鮮古代研究刊行 會, pp.37~44.

3) 광구단경호 廣口短頸壺

광구단경호는 구경이 넓고 깊이가 낮으며, 짧게 직립하는 구연에 발달된 어깨를 가진 평저토기로, 백제측 정치 엘리트 집단의 위신재威信材로 중국 요녕지방遼寧地方에서 선별 수용된 것으로 보는 견해가 있으나[191] 광구단경호가 대체로 낙랑고분의 주요 부장품인 배부른 단지와 유사한 면이 있고, 몸체와 저부 사이를 예새로 깎는 기법은 낙랑의 평저토기에서 일반적으로 확인되는 등 낙랑토기와의 연관성을 상정한 새로운 견해도 제시되고 있다.[192]

광구단경호는 견부의 돌대유무에 따라 돌대가 없는 것(Ⅰ형식), 돌대가 있는 것(Ⅱ형식)으로 나눌 수 있다. Ⅱ형식은 돌대의 배치방식에 따라 최대동경에만 있는 것(A), 몸체에 등간격을 이루며 배치된 것(B), 몸체 전면에 있는 것(C)으로 세분된다. 한성Ⅰ기는 풍납토성 경당지구 101유구, 석촌동 대형토광묘의 부장품으로 사용되었는데, 풍납토성 가-2호주거지 출토품에서처럼 몸체의 하부를 예새로 깎아 조정하는 것은 낙랑토기의 특징으로 알려지고 있다. 한성Ⅱ기에는 광구단경호의 견부에 돌대가 나타나기 시작하여 웅진Ⅱ기까지 발견되고 있다. 광구단경호의 남한南限은 금강유역일 가능성이 높다. 공주와 부여의 경계인 분강·저석리고분군의 ⅡA형식의 한쪽에 주구注口를 달아 다기茶器로 이용한 것이 발견되었는데, 웅진Ⅰ기에 해당하는 것으로 보인다.[193] 웅진Ⅱ기의 광구단경호는 공주 정지산 Ⅰ형식과 청양 학암리 요지 폐기장에서 출토한 ⅡC형식을 들 수 있으며 소멸기의 형태로 보인다.

---

191 박순발, 1999,「漢城百濟의 對外關係」『百濟研究』30집, 충남대학교백제연구소.
192 신종국, 2002, 앞의 논문, pp.104~105.
193 李南奭, 1997, 앞의 보고서, p.203 도면 88-⑤.

4) 직구단경호 直口短頸壺

직구단경호는 풍만한 몸체에 짧고 곧은 목을 가진 기종이다. 직구 단경호는 몸체의 형태에 따라 구형(Ⅰ형식), 광견형(Ⅱ형식)으로 나눌 수 있다. Ⅰ형식은 견부에 문양이 있는 것(A), 견부에 문양이 없는 것 (B)으로 나뉜다. Ⅱ형식은 몸체에 음각선이 있는 것(A), 문양이 없는 것(B)으로 세분된다. 한성시기 부터 사비시기에 이르기까지 줄곧 사용 된 기종으로 일상생활용과 부장용으로 확인되고 있다.

직구단경호는 풍납토성, 석촌동고분, 가락동고분 등 한성Ⅱ기~Ⅲ 기의 유적에서 흑색마연토기로 나타나고 있는데, 천안 화성리고분 · 용원리고분, 서산 부장리 · 기지리,[194] 공주 금학동 1호 토광묘,[195] 함 평 예덕리[196] 등지까지 파급되어 한반도 서쪽부분을 통과하여 남쪽으로 내려가고 있어 주목된다. 흑색마연토기가 백제토기의 신기종으로서 한강유역에서 영산강유역에 이르기까지 발견되고 있는 것은 백제의 영역확장과정을 통하여 전파된 기종임을 알려주는 자료이다. 한성 Ⅱ기 말이 되면 흑색마연의 직구단경호는 회청색경질토기로 만들어지며, 몸체 견부에 음각선이나 돌대를 시문하거나 장식하는 것이 일반적인 형태이다. 한성Ⅲ기가 되면 어깨의 문양대가 간략화 또는 소멸되는 경향이 나타나 문양이 없는 것도 있다. 금강유역의 부여 논치 제사유적 출토품은 한성Ⅱ기에 직구단경호가 이입되고 있는데, 구연부와 몸체의 꺾인 부분이 명확하지 않은 특징을 보여주고 있다.

웅진시기에는 주로 고분에 많이 부장되고 있으며 영산강유역에도

---

194 국립공주박물관 · 충청남도역사문화원, 2006, 『한성에서 웅진으로』.

195 유기정 · 양미옥, 2002, 『공주 금학동 고분군』, 충청매장문화재연구원, p. 165 도면 72-2.

196 임영진 · 조진선 · 서현주 · 송공선, 2004, 『함평 예덕리 만가촌고분군』, 전남대학교박물관.

일부 나타나고 있다.[197] 웅진Ⅱ기에 해당하는 공주 공산성 연지출토 직구단경호는 광견화하면서 몸체에 음각선으로 된 횡선대가 나타나고 있어 사비시기 직구단경호로 이행하는 과도기적인 형태로 보인다.

사비시기의 직구단경호는 몸체가 높고 몸체최대경이 상부에 있는 특징을 갖으며, 몸체 중간부분에 음각선으로 구분된 2~3칸의 구획선에 문양이 없거나 간혹 밀집파상문이 베풀어지고 있어 더 이상 견부 문양은 나타나지 않는다.

사비Ⅱ기 말부터 직구단경호는 고분의 부장품보다는 화장장골용기로 사용되는 경우가 많아지고 있으며 사비Ⅲ기가 되면 직구단경호는 몸체가 광견화가 더욱 뚜렷하게 이루어지면서 일상생활용 또는 화장장골용기로 이용되고 있다.

화장장골용기는 모두 유개식으로 사비Ⅱ기에 해당하는 것은 오수전五銖錢이 공반한 부여 쌍북리 출토품이고, 사비Ⅲ기는 개원통보開元通寶가 발견된 부여 쌍북리 출토품이 그 뒤를 잇고, 마지막으로 부여 군수리 출토품처럼 저부가 좁아지고 최대동경이 최고위에 있는 것으로 변천하는 것이 아닌가 한다. 그리고 논산 육곡리고분 출토 직구단경호는 부장용으로서는 마지막 단계에 해당할 것이다.

영산강유역에 있어 직구단경호는 고분 부장품으로만 발견되고 있으며, 사비Ⅱ기에 해당하는 것이 대부분이다. 장성 학성리 A지구 6호분 석실출토 직구단경호는 몸체에 시문된 문양뿐만이 아니라 보주형 꼭지가 부착된 뚜껑이 보령 구룡리 석실분출토 직구단경호와 비슷하다. 이러한 현상은 무뉴식 삼족토기의 분포와 비슷한 양상을 띠고 있

---

197 박순발, 2003,「웅진·사비기 백제토기의 편년에 대하여-삼족기와 직구단경호를 중심으로」『百濟研究』37, 충남대학교백제연구소, p67.
　　　　, 2004,「백제의 토기」『백제문화의 특성 연구』, 서경.

는 것으로 이렇게 서해
안지방을 따라 비슷한
기형이 발견되고 있는
것은 백제토기의 전파,
보급이 서해안을 따라
이루어지고 있음을 알
수 있는 자료이다. 영산
강유역의 직구단경호는
금강유역보다 일찍 소멸

사진 99. 직구소호(나주 복암리 1호분)

되는 것으로 보이는데, 그것은 화장장골용기로 사용된 예가 발견되지
않은 것과 연관이 있을 것으로 추측된다. 이는 영산강유역 불교문화
의 보급과도 밀접한 관련이 있다.

소형호인 직구소호는 한성시기 이후 웅진시기에도 부장용으로 사
용되었으나 사비시기 금강유역에서는 잘 보이지 않는 기종이다[198]. 직
구소호는 영산강유역에서도 나주지방에서 강한 특징을 보이며 발전
한 기형이다. 나주지방에서 발견된 직구소호는 매우 정제된 형태이
다. 웅진 I 기에 해당하는 공주 도천리유적에서[199] 발견된 직구소호와
비슷하나 부여 관북리 추정왕궁지에서 발견된 직구소호보다는[200] 크
게 만들어졌다. 나주 복암리 1호분 연도 출토품은 연대가 6세기 중·
후엽으로 알려지고 있다. 형태상 웅진시기의 전통이 그대로 나타나고

198 직구소호는 낙랑토기 중 광구단경호의 영향으로 발생한 것으로 보고 있다.
   신종국, 2002, 앞의 논문.
   土田純子, 2006, 「百濟平底外反口緣短頸壺 및 小型平底短頸壺의 變遷考」『韓國
   上古史學報』 제51호, 韓國上古史學會.
199 金鍾萬, 2001, 앞의 논문, pp.81~111.
200 忠南大學校博物館, 1992, 『發掘遺物特別展圖錄』, p.21 도판 11.

있는 것은 기형 및 토기제작기술의 영산강유역 출현이 금강유역보다 그만큼 늦어지고 있다는 것을 의미하는 것으로 이해된다.

한편 직구소호 중에는 4개의 귀가 달린 것이 있다. 특히 논산 육곡리 6호분 출토품은 익산 왕궁리 출토품과 더불어 중국도자기의 모방품으로 만들어진 것으로 보인다.

5) 장란형토기

장란형토기는 경질무문토기가 소멸되는 과정에서 타날문토기의 한 기종으로 등장하여 서해안을 따라 남부지방까지 확인되고 있다. 장란형토기는 후술하는 심발형토기와 공반하는 경우가 많아 동시 출현일 가능성이 높다. 그러나 심발형토기보다 약간 후행하는 것으로 보는 견해도 있으며,[201] 선후를 확인할 수 있는 유적이 드물고 심발형토기와 장란형토기는 오랫동안 세트 관계를 유지해 오고 있는 점이 중부지방과 중서부지방 전체에서 공통적으로 확인되는 바 그 유입 시기에 대한 선후차를 고려하는 것은 곤란하다는 견해가 우세하다.[202]

장란형토기 구연부의 형태적 변화양상은 심발형토기와 매우 유사하다. 그 이유는 심발형토기와 함께 오랜 기간동안 보편적으로 사용되어진 기종이기 때문에 강한 전통성으로 인하여 기술상이나 형태상으로 변화의 폭이 적기 때문으로 여겨진다. 장란형토기는 구연부의 형태에 따라 구순이 둥근 것(I형식), 구순 중간에 홈이 있는 것(II형식), 구순 하단이 아래로 발달한 것(III형식)으로 나눌 수 있고 각각의 형식은 승문계(A), 격자문계(B)로 세분할 수 있다. 한성I기에는 원삼국시대 장란형토기의 영향으로 모든 형식이 확인되고 있으며, 한성II

---

201 신종국, 2002, 앞의 논문.
202 韓志仙,, 2005, 앞의 논문, pp.1~31.

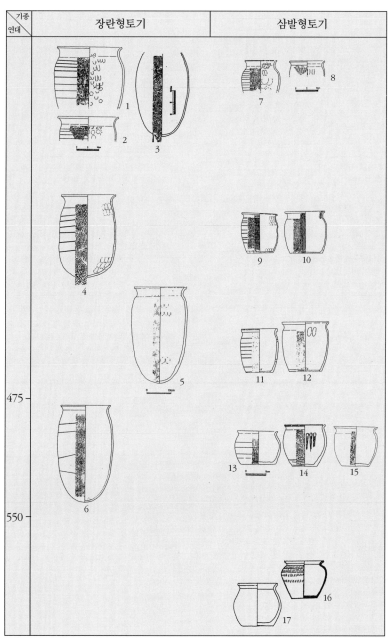

그림 11. 1·2·7·8 풍납토성 경당지구 101호, 3 파주 주월리 96-7호, 4·9·10 화
성 마하리 21호 석곽, 5 천안 용원리 41호 옹관, 6 논산 원북리 다-56, 11·12 몽촌
토성 88-1호 저장공, 13 공주 산의리 28호 석실분, 14 공주 산의리 22호 석실분, 15
논산 모촌리 93-10호분, 16 논산 육곡리, 17 나주 대안리 4호

기에는 ⅠA · ⅡA형식과 더불어 ⅠB · ⅡB형식이 새로 나타나고 있으나 한성시기 전 기간을 통하여 모든 형식이 고루 사용되었다. 장란형토기는 차령산맥을 중심으로 이 · 남북지방의 천안, 서천, 공주, 논산, 대전, 금산 등 한성Ⅲ기의 유적에서도 확인되고 있다.[203] 전남의 영암 · 승주지방에서도 장란형토기가 확인되고 있어 출토지가 전국적이라고 할 수 있다. 장란형토기는 웅진Ⅰ기 이후에는 소멸하는 기종으로 보인다.

6) 심발형토기

심발형토기는 평저에 내부가 깊으며 구순이 외반하고 몸체에 타날문이 있는 것을 특징으로 한다. 대개 점토에 모래가 많이 혼입되고 산화염계로 제작 · 사용하는 오랜 전통을 보이는 것으로 원삼국시대 경질무문토기의 변형 기종으로 알려지고 있다.[204] 심발형토기는 구연부의 구순의 형태에 따라 둥근 것(Ⅰ형식), 사각으로 자른 것(Ⅱ형식), 구순의 상면을 수평으로 조정한 것(Ⅲ형식), 구순 중앙에 요면이 있는 것(Ⅳ형식), 구순의 하단이 밑으로 삐진 것(Ⅴ형식)이 있다. 그리고 경부의 형태에 따라 무경식(A), 유경식(B)으로 나눌 수 있다. 몸체에 있는 문양에 따라 승문(a), 승문+횡침선(b), 승문+격자문(c), 승문+격자문+횡침선(d), 격자문(e), 격자문+횡침선(f), 집선문(g), 집선문+횡침선(h), 무문(i)으로 세분된다.

---

203 정종태, 2001, 「호서지역 장란형토기의 변천양상」 『호서고고학』제9집, 호서고고학회, pp.13~35.
204 박순발, 2001 「심발형토기고」 『호서고고학』제4 · 5합집, 호서고고학회. pp.97~127.
　　이선복 · 김성남, 2000 『화성 당하리Ⅰ유적』, 서울대학교 · 숭실대학교박물관.
　　한지선, 2003, 앞의 논문, pp.38~43.

한성Ⅰ기는 ⅠAc형식과 ⅡAb・ⅢBb형식이 풍납토성 경당지구 101호 유구와 풍납토성 가-2호주거지에서 확인되고 있어 한성시기의 가장 빠른 형태의 모습을 알 수 있게 되었다. 이 시기의 유적에 해당하는 파주 주월리 '96-7호주거지에서도 B형의 심발형토기가 확인되고 있으나 구연부의 형태는 알 수 없다. 한성Ⅱ기는 한성Ⅰ기와 마찬가지로 b형이 사용되면서 원주 법천리 수습보고 2호분처럼 a형과 다소간 공반하는 단계가 있다가 화성 마하리 2호분 단계에 이르면 b형이 소멸하게 된다. 석촌동 3호분 동쪽 11호분에서 확인된 ⅡBa형식은 이 시기에 해당할 것이다. 청주 신봉동고분군, 천안 용원리고분군에서도 a형과 e형이 공존하고 있다. e형은 한강유역보다는 이남지역에서 적극적으로 채용되는 것이다. 호남지방의 승주 대곡리・낙수리주거지에서는 전통적으로 e형이 강하다. 한성Ⅲ기는 금강유역을 중심으로 이북以北과 이남에서 a형이 절대적으로 우세하고, 영산강유역에서도 a형과 e형이 공반하다가 a형으로 통합되는 과정을 겪는다. 천안 화성리 B-1호묘 출토 ⅣA형식은 e형이다. 청주 신봉동 90-B-1호분출토 ⅡAe형식은 한성Ⅲ기 말기에 해당하는 형식이다.

　웅진Ⅰ기는 일상생활유적이나 고분에서 심발형토기의 부장이 잘 이루어지지 않고 있다. 광주 쌍촌동유적에서 확인된 것이 이에 해당한다. 웅진Ⅱ기가 되면 고분의 부장품으로 소량 확인되고 있다. 연산 모촌리 93-10호분 출토품을 보면 ⅣBa형식으로 나타나고 있음을 알 수 있다. 그리고 부소산성 수혈주거지 부근의 고분에서 확인된 ⅣBb형식은 이 시기에

사진 100. 심발형토기(논산지방)

해당한다. [205]

사비시기는 전 시기를 통하여 몇 점 되지 않는 출토량을 보이며 계승되고 있으나, 대개 사비Ⅲ기에 해당하는 것을 찾아볼 수 있다. 금강유역에서는 논산과 서천지방의 횡혈식석실분에서, 영산강유역에서는 순천 검단산성, 나주 대안리고분·복암리고분군 등에서 발견되고 있다. 금강유역에서 발견된 심발형토기는 몸체보다 넓어진 구경, 몸체의 최대동경에서 저부로 내려갈수록 갑자기 좁아지며 광견형을 이룬다. 몸체에는 모두 승석문이 타날되고 있으며 형태, 제작기법에서 비슷하게 나타나고 있다. 나주 대안리 4호와 순천 검단산성 출토품은 몸체와 저부 사이를 깎아 정면하고 있는데, 이러한 제작기법은 저부를 먼저 만들고 몸체를 테쌓기 등의 기법으로 쌓은 데서 오는 표면 조정기법 중의 하나로 한성시기 이래의 전통에 속하는 것이다. 특히 사비시기에 나타나는 Ⅴ형식은 a형과 b형이 주류를 이루고 있으며 형태는 한성시기에 속하는 천안 두정동 출토품의 맥을 잇는 것으로 보인다.

7) 자배기

자배기는 일상생활용에서 빼놓을 수 없는 중요한 조리용기로 구연부의 형태로 형식분류할 수 있다. 자배기는 구연부가 길게 외반한 것(Ⅰ형식), 짧게 외반한 것(Ⅱ형식)으로 대별된다. Ⅰ형식은 구순 선단의 형태에 따라 수직형(A), A형에 구순아래 내면에 요면이 있는 형(B), 둥근형(C), C형에 구순 아래의 내면에 홈이 넓게 돌려진 형(D), D형에 구순아래 외면에도 홈이 돌려진 형(E), 구순 선단이 사각인 형(F), F형에 구순아래 내면에 요면이 있는 형(G), G형에 구순아래 외면에도 요

---

205 김종만, 2006,「부소산성출토 토기 소고」『부소산성유적고증 연구』, 한국전통문화학교.

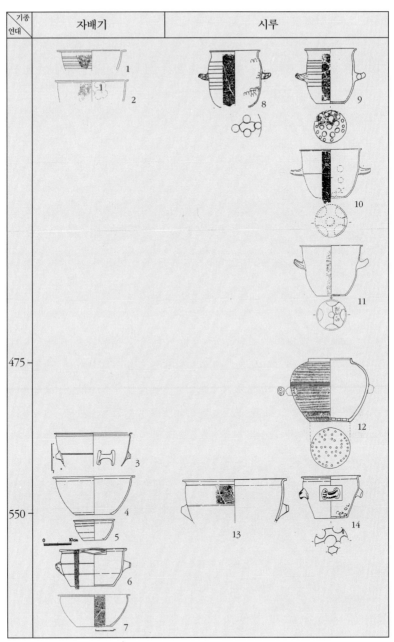

그림 12. 1·2 풍납토성 경당지구 101호, 3 대전 월평동, 4·5 부여 능사 하층, 6 부여
정암리요지, 7 익산 왕궁리, 8 풍납토성 가-2호주거지, 9 파주 주월리 96-7호, 10 풍
납토성 경당지구 9호, 11 몽촌토성, 12 예산 대흥리, 13 부여 용정리 소룡골, 14 부
여 정동리 4호

면이 있는 형(H), 구연 선단이 뾰족하고 사각으로 뻗어올라간 형(I), 구순 선단에 요면이 있고 구순아래 내외면에 홈이 있는 형(J)으로 세분된다. Ⅱ형식은 구연 선단이 사각인 형(A), 구연 선단에 요면이 있고 구연아래 외면에 요면이 있는 형(B)으로 나눌 수 있다.

자배기는 고구려의 남하에 따라 한성Ⅲ기에 한강유역에 등장한 것으로 알려지고 있다.[206] 최근 조사된 풍납토성 경당지구 101호 유구에서 자배기와 유사한 기종이 확인되고 있어 한성Ⅰ기까지 소급될 가능성이 있다. 그러나 웅진Ⅱ기 유적인 공주 공산성 추정왕궁지와[207] 정지산에서는[208] 자배기출토가 거의 전무한 실정이어서 고구려의 남하와 관련이 있는지 정확하게 단정할 수 없다.

자배기는 부여 구아리 정지에서 사비Ⅰ기로 편년되고 있는 연화문와당과 공반하고 있어, 자배기의 부여지방 출현시점을 말해주고 있다. 또한 부여 정암리 A지구 요지출토 자배기를 통해볼 때 공반하고 있는 연화문와당이 부여 군수리사지 · 구아리 정지 · 관북리 · 쌍북리 · 규암 외리 · 동남리유적 · 능사, 청양 분향리 등에서 수급관계가 밝혀지고 있고, 상기 유적들의 연대인 사비Ⅱ기에[209] 와도겸업체제에서 만들어지는 것을 알 수 있다. 약간 시기가 내려가면 부여 송국리요지 · 추양리요지와 같이 토기류만을 전문적으로 생산하는 요窯에서 만들어지는 것으로 추측된다. 와도겸업체제를 벗어나서도 자배기가 토기요에서 흑색토기로 계속해서 만들어지게 된 것은 일상생활에서 널리 사용된 생활토기로써 수요가 폭발적으로 증가함에 따라 이루어진

206 金元龍 · 任孝宰 · 朴淳發, 1988, 『夢村土城』, 서울대학교박물관.
207 安承周 · 李南奭, 1987, 『公山城百濟推定王宮址發掘調査報告書』, 공주대학교박물관.
208 國立公州博物館, 1999, 『艇止山』.
209 申光燮 · 金鍾萬, 1992, 앞의 보고서.

것이다. 이는 요업의 분업화와 관련이 있어 보인다.

자배기는 Ⅰ형식에서 Ⅱ형식으로, 구연부 선단이 단순한 것에서 사각이나 요면이 있는 것으로, 그리고 구연아래에 내면에만 요면이 있다가 외면까지 요면이 있는 것으로 변화하고 있다.[210] 부여 송국리 '75-56지구 원형구덩이 · 능사 · 정암리요지 · 관북리 추정왕궁지 연지에서 자배기의 변천양상을 살펴볼 수 있다.

장용葬用 자배기는 부장품이 아닌 관棺으로 사용되었으며 Ⅱ형식 외반호와 공반한다. 이러한 현상은 대형호를 이용한 옹관, 장고형기대를 이용한 관棺과 같은 맥락에서 이해될 수 있을 것이다. 자배기를 관으로 사용한 것은 부여지방 호관묘壺棺墓의 발전과 관련이 깊은 것으로 보이며, 익산 무형리에서 처럼 사비Ⅲ기까지 이용되고 있다.

8) 시루

시루는 조리용기로 주거지 등 생활유적에서 확인되고 있다. 시루는 백제 이전 부터 전국적으로 만들어지고 바닥의 형태가 원저인 것(Ⅰ형식), 평저인 것(Ⅱ형식)으로 나눌 수 있다. 다시 바닥에 있는 구멍의 형태에 따라 원형(A), 반원형(B), 삼각형(C), 원공+반원형(D)으로 나눌 수 있다. A형식 시루는 원공의 크기에 따라 소원공(a)과 대원공(b)으로 세분할 수 있다.[211] 시루는 바닥에 투공이 배치되고 있으며 몸체는 위로 갈수록 약간씩 바라지는 원통형에 평저의 기형이 주를 이룬다.

한성Ⅰ기의 시루는 서울 풍납토성 가-2호주거지(ⅡAa형식), 파주 주월리 '96-7호주거지(ⅠAa형식) 및 지표수습품(ⅠC형식)이 있다. 한성Ⅱ기부터는 시루 바닥이 Ⅱ형식으로 변하고 투공도 D식으로 바뀌게

---

210 國立中央博物館, 1991, 『松菊里Ⅳ』.
211 오후배, 2003 『우리나라 시루의 고고학적 연구』, 단국대학교대학원석사학위논문.

사진 101. '增'명 시루(부여 용정리 소룡골)

된다. 그리고 시루의 형태는 상광하저上廣下低의 역사다리꼴이 된다. 하남 미사리 고-32호 주거지, 서울 몽촌토성 '88 방형유구, 홍성 신금성 출토품[212] 등이 이에 속한다. 웅진시기의 시루는 알려진 것이 거의 없으나 예산 대흥에서 수습된 것이 있다. 이 형태는 한성시기 시루와는 전혀 다른 형태인 평저직구호에 소원공이 투공된 것으로 이례적인 것이라 할 수 있다.

사비시기 시루는 한성 · 웅진시기 시루의 형태와는 달리 자배기와 동일한 형식을 사용하는 경우가 많으며 ⅡAb형식이다. ⅡAb형식은 기술적인 유형으로 보면 외면에 타날문이 시문되며 바닥에는 b형이 투공되고 있다. 부여 소룡골유적에서 확인된 시루에는 '증'增이라는 한자가 새겨져 있다.[213]

9) 완

완은 일상생활용기로 굽이 있는 것(Ⅰ형식), 굽이 없는 것(Ⅱ형식)의 2개의 형식으로 나눌 수 있다. 각 형식은 구연부가 직립한 것(A), 외반한 것(B)으로 세분된다. 완은 기술적 유형에 따라 회청색경질(a), 흑색와기(b), 회색토기(c)로 분류된다. 한성Ⅰ기는 풍납토성 경당지구 101 · 삼화지구Ⅲ층과 현대연합주택 가-2호주거지에서 초기의 형태

---

212 충남대학교박물관, 1994 『神衿城』p.64 그림 21.
213 尹武炳 · 李康承, 1985, 「부여 소룡골건물지 발굴조사보고」 『백제연구』16집, 충남대학교박물관.

를 엿볼 수 있다. 풍납토
성 삼화지구Ⅲ층 출토품
은 마한시기 완에 굽이 퇴
화되는 과정을 보여주고
있다.[214] 한성Ⅱ기에는 풍
납토성 출토품을 볼 때 몸
체가 낮아지면서 Ⅱ형식

사진 102. 완(몽촌토성)

의 A, B형이 모두 확인되고 있지만, 한성Ⅲ기가 되면 몽촌토성의 예
를 볼 때 몸체는 더욱 낮아지면서 ⅡA형식만 확인되고 있다.

완은 웅진Ⅱ기에는 부장품으로 고분에 들어가며 논산 연산지방에
서는 Ⅰ형식과 Ⅱ형식 모두 확인되고 있다.[215] 공주 공산성에서 확인
된 ⅠAa형식은 무령왕릉에서 발견된 동제완을 모방한 형식이다.[216]

사비Ⅰ기는 ⅠAb·ⅡAb형식이 주류를 이룬다. 이 시기에는 주로 a
보다 b의 소성으로 만들어진 형식이 많다. 부여 능사 하층출토품이 대
표적이다. 사비Ⅱ기는 ⅠAa·ⅠAb·ⅡAb형식이 주류를 이루고 있으
나 말기에 가서는 ⅠAc형식이 새로 등장한다. ⅠAc형식은 백제시대에
만든 완 중 가장 정제된 토기로서 부여 관북리 추정왕궁지·부소산
성·능사 등 부여 시내와 익산 왕궁리·미륵사지 등의 최고의 유적에
서 확인되고 있다. 이 시기에 완이 고분에 매장된 예가 확인되고 있는
데, 서천 화산리 9호분(ⅠAa형식), 부여 지선리 4호 석곽묘출토품(ⅡAb

---

214 한지선, 2003, 앞의 논문, pp.52~55.

215 安承周·李南奭, 1988,『論山 表井里 百濟古墳 發掘調査報告書(Ⅱ)』, 공주대학교
　　박물관.
　　安承周·李南奭, 1994,『論山 茅村里 百濟古墳群 發掘調査報告書(Ⅱ)』, 공주대학
　　교박물관.

216 김종만, 2006,「성왕시대의 백제 생활토기」『백제 성왕과 그의 시대』, 부여군백
　　제신서3.

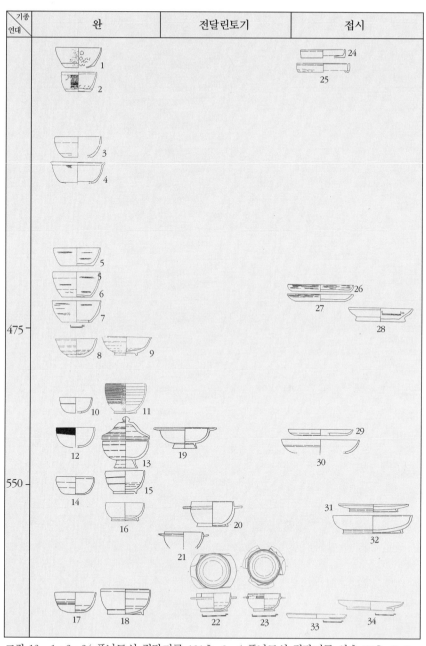

기종\연대	완	전달린토기	접시

그림 13. 1·2·24 풍납토성 경당지구 101호, 3·4 풍납토성 경당지구 상층 58호, 5~7·
26~28 몽촌토성 8·9 논산 모촌리, 10 공주 공산성, 11 공주 산의리, 12·13·19·29·30
부여 능사 하층, 14·15 부여 정암리 요지, 16·20·31·32 부여 관북리 추정왕궁지, 17·
18·22·23·33·34 익산 왕궁리, 21 부여 능사

형식)을[217] 들 수 있다. ⅡAb형식 중에는 표면에 평행선문이 시문된 예가 있는데, 부여 정암리요지출토 완과 마찬가지로 와도겸업체제에서 만들어진 것이다. 사비Ⅲ기는 ⅠAc형식과 ⅠAa·ⅡAb형식이 공반되고 있다. 사비Ⅲ기의 것으로는 ⅡBa형식이 있으며 부여 정림사지 출토품이 있다. ⅡAb형식 중 부여 능사 공방1에서 확인된 완의 내외면에 칠을 바른 것이 있어 주목된다. 흑색와기 완이 갖는 미비점을 보완하고, 동제완을 모방하면서 고급화된 용기로 공급되어 사용되고 있음을 알 수 있다. 사비Ⅲ기에 들어와 ⅠAc형식이 화장장골용기로도 사용된다.

사비시기 영산강유역 출토품으로는 ⅠBb형식이 순천 검단산성에서 발견되었다. 이 검단산성 출토품은 부여 정암리요지 A지구에서 발견된 바 있는 평행선문이 타날된 것으로 소성도는 경질이다. ⅠAc형식은 나주 복암리 2호분 남쪽 주구에서[218] 발견되고 있는데, 흑색와기로 수습되고 있으며 부여 구아리 정지 출토 ⅡAb형식 완이 경질로 수습된 것과 비교해보면 소성도에서 차이가 난다. 순천 검단산성에서는 ⅡBb형식 완도 발견되고 있다. 이러한 점은 비단 토기문화만이 공통적으로 나타나는 것이 아니고 순천 검단산성이 석축산성으로 축조된 점에서 금강유역의 상황과 거의 같음을 알 수 있다. ⅠAc형식은 나주 복암리 2호분 서쪽 주구에서[219] 도면상 복원이 가능한 것이 발견되었다. 영산강유역 출토 완은 사비Ⅲ기의 특징을 잘 보여 주고 있다.

10) 전달린토기

전달린토기는 대부완의 구연부 아래에 횡으로 약 2cm정도의 전을 돌린 뒤 대칭으로 전의 일부를 잘라내어 전체 평면은 횡타원형을 이

---

217 國立扶餘文化財硏究所, 1991,『扶餘 芝仙里古墳群』.
218 林永珍·趙鎭先·徐賢珠, 1999, 앞의 보고서, p.81의 45-7.
219 林永珍·趙鎭先·徐賢珠, 1999, 앞의 보고서, p.70의 38-2.

사진 103. 전달린토기(①부여 관북리 추정왕궁지, ②익산 왕궁리)

루는 것과 전을 부채살 모양으로 3개의 전을 만든 것이 있는데, 모두
뚜껑이 있는 것이다. 부채살 모양의 전을 부착한 형식은 최근에 익산
왕궁리 유적에서 확인되었다. 전 위에 있는 구연단의 높이에 따라 높
은 것(I형식)과 낮은 것(II형식)으로 나눌 수 있다. 그리고 I형식은
전의 형태에 따라 수평을 이룬 것(A), 사각을 이룬 것(B)으로 세분된
다. A형식은 전이 2개로 타원형인 것(a), 전이 3개로 부채살 모양인 것
(b)으로 세분할 수 있다. I A형식은 익산 왕궁리 서벽 내측 와열 웅덩
이 남편의 기와 밀집지점에서 수습된 b형을 제외하면 모두 a형으로
발견되고 있다.[220] 전달린토기는 고구려유적인 구의동에서 확인된 바
있지만, 한성·웅진시기에는 수용되지 않은 기형으로 생활유적에서
만 확인되고 있다.

전달린토기는 사비 I기에 처음 등장하는 기종이다. 567년을 하한
으로 하는 부여 능사 하층에서 II형식이 확인되었는데, 모두 회청색
경질로 겉면에 칠을 바르고 있어 주목된다.[221] 토기에 칠을 바른 것은
칠목기를 모방한 것으로도 해석할 수 있다. 고구려토기 중에도 II형

---

220 國立扶餘文化財研究所, 2006,『王宮里-發掘中間報告Ⅴ』, pp334~336.

식과 비슷한 것이 서울 아차산과 구의동에서[222] 발견되고 있다. 그러나 굽이 없고, 집안 삼실총 제1실에서 발견된 것은[223] 전이 전면을 두른 것이 아니고 귀처럼 양단에 붙이고 밑이 편평한 굽으로 되어 있어 제작기법이 다르게 나타나고 있음을 알 수 있다. 그러므로 전달린토기가 고구려토기의 영향으로 만들어졌다는 점은 좀 더 생각을 해볼 여지가 있는 것이다.

사비Ⅱ기는 전달린토기가 회색토기로 만들어지고 있으며, ⅠAc형식의 완과 공반한다. ⅠA형식이 많으며, 부여 관북리 추정왕궁지 · 부소산성 · 능사에서 발견되고 있다. 또한 이 시기에는 Ⅱ형식이 사용되고 있는데, 부여 궁남지에서 확인되고 있다.

사비Ⅲ기는 Ⅱ형식은 소멸하는 것으로 추정되고 Ⅰ형식이 주류를 이룬다. ⅠA형식과 더불어 ⅠB형식이 부여 부소산성 · 능사와 익산 왕궁리유적에서만 발견되고 있다. ⅠB형식은 부여 부소산성에서 발견된 중국 청자 이부관耳附罐에서 볼 수 있듯이 중국 도자기 · 칠기의 영향으로 나타난 것이 아닌가 한다.

영산강유역에서는 나주 복암리 2호 북쪽 주구에서 ⅠA형식이 수습되었다. 나주 복암리 2호 북쪽 주구출토품은 표면에 평행선문이 있는 것을 그대로 남겨두고 있다.

전달린토기는 국립중앙박물관 소장품 중에 충남 서산출토로 알려지고 있는 Ⅰ형식이 있다.[224] 서산출토품은 태토, 색조, 형태에 있어 부여 · 익산지방출토 Ⅰ형식과 같은 범주에 드는 것으로 Ⅰ형식의 북쪽 한계를 알려주는 자료이다.

221 金鍾萬, 2003, 「泗沘時代 灰色土器의 性格」 『湖西考古學』 9집, 호서고고학회.
222 서울대학교박물관, 1997, 앞의 책, p.329.
223 金基雄, 1992, 앞의 논문, p.35.
224 百濟文化開發研究院, 1984, 앞의 도록, p.351의 도판 415.

11) 접시

접시는 부장용보다 일상생활용으로 사용된 것으로 굽이 없는 것(Ⅰ형식), 굽이 있는 것(Ⅱ형식)으로 나눌 수 있다. Ⅱ형식은 몸체가 깊은 것(A), 얕은 것(B)으로 세분된다.

Ⅰ형식은 한성Ⅰ기의 유구로 알려진 풍납토성의 가-2호주거지에서 확인되는 초기의 형태로, 한성Ⅱ기~한성Ⅲ기를 통하여 꾸준히 만들어지는 기형이다. 홍성 신금성 1·2호 소형수혈에서 수습된 Ⅰ형식은 한성Ⅲ기로 보인다.[225] 웅진Ⅱ기의 Ⅰ형식은 공주 공산성 원형구덩이(소)2에서 확인되고 있으나 한성시기 형식의 연장선상에 있는 것으로 보인다.

사비Ⅰ기는 Ⅰ형식이 주류를 이루고 있으나 이전시기보다 작아지고 몸체가 높아진다. 사비Ⅱ기는 부여 정암리 B지구 2·3호 요전회구부 및 6호출토품을 보면 몸체가 바라지며 올라가는 발전기 양식으로 몸체와 바닥이 각이 지고 있는데 반해 좀 더 시기가 내려가면 동 지구 7호출토품처럼 구경이 더욱 좁아지고 몸체와 바닥과의 경계가 둥글게 처리되고 있다.[226] 부여 관북리 추정왕궁지에서 수습된 Ⅰ형식은 사비Ⅲ기에 해당한다.

Ⅱ형식은 부여지방과 익산지방에서만 발견되는 특색을 갖고 있다. Ⅱ형식은 부여 관북리 추정왕궁지에서의 출토상황을 보면 ⅠAc형식 완과 공반하여 발견되고 있기 때문에 무령왕릉 출토 동제접시와 동제완과의 세트 관계처럼 Ⅱ형식 접시와 ⅠAc형식 완의 세트 관계가 상정된다. Ⅱ형식은 ⅠAc형식 완처럼 동제품 또는 도자기를 본떠 만든 모방품으로 생각된다. Ⅱ형식은 Ⅰ형식과는 다르게 규격화에 따라 만

---

225 忠南大學校博物館, 1994,『神衿城』, p.103의 그림 40-2.
226 신광섭 · 김종만, 1992, 앞의 보고서, pp.106~115.

든 것이다. ⅡA형식 접시는 몸통의 내부가 깊어서 물건을 담을 때 쓰였던 것으로 보이지만 나주 복암리 1호분 출토 녹유접시를 통해 볼 때 ⅠAc형식 완을 올려놓는 받침으로도 사용되었을 것이다. ⅡB형식은 ⅡA형식과는 다르게 기물을 올려 놓는 것이라기 보다는 음식물을 담는 기물로 사용된 것으로 추측된다. 일본 등원궁藤原宮의 토기를[227] 보면 Ⅱ형식과 비슷한 기형에 음식물을 담아 놓은 모습은 좋은 참고가 된다. 영산강유역에서는 아직 Ⅱ형식이 발견된 적이 없지만, 나주 복암리 1호분 출토 녹유접시를 볼 때 영산강유역에서 Ⅱ형식 접시의 모방품 또는 방제품이[228] 발견될 가능성이 있다. Ⅱ형식은 사비Ⅱ기에 만들어지기 시작하여 사비Ⅲ기에 성행하였다.

12) 병

병은 물과 같은 액체를 담아 나르는 용기이다. 한성시기부터 확인되는 기종으로 단경병(Ⅰ형식),[229] 장경병(Ⅱ형식), 반구병(Ⅲ형식), 횡병(Ⅳ형식), 정병(Ⅴ형식), 자라병(Ⅵ형식), 유공횡병(Ⅶ형식), 양이부병(편병, Ⅷ형식), 환상병(Ⅸ형식), 사이부병(Ⅹ형식), 배부병(ⅩⅠ형식)이 있다.

한성Ⅰ·Ⅱ기의 유적에서는 병류가 잘 보이지 않고, 몽촌토성과 석촌동 토광묘에서 Ⅰ형식이 확인되고 있다. 몽촌토성에서 확인되고 있는 Ⅰ형식은 한성Ⅲ기에 해당하는 것으로 평저에 바닥에서 원통형에 가깝게 뽑아 올린 몸체, 견부에서 급감된 경부, 단순 구연부를 이루고 있다. 몽촌토성 Ⅰ형식과 생산지가 동일지역으로 생각되는 것이 서산

227　奈良國立文化財研究所 飛鳥藤原宮發掘調査部,『藤原宮と京』, 1991.

228　綠釉 접시를 模倣한 製品이 晉州 水精峰 7號墳에서 발견되고 있다(慶尙南道, 1998,『伽倻文化圖錄』, p.244의 도판 ④).

229　土田純子, 2005,「百濟 短頸瓶 硏究」『百濟硏究』第42輯, 忠南大學校百濟硏究所, pp.1~37.

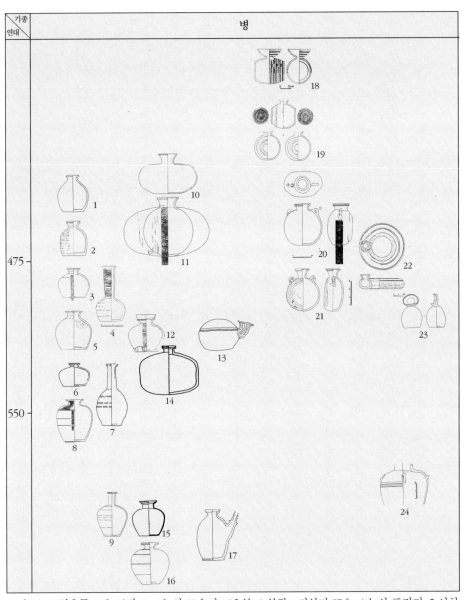

기종 연대	병

그림 14. 1 석촌동 11호 토광묘, 2 논산 모촌리 15호분, 3 분강 · 저석리 27호, 4 논산 표정리, 5 서천
화산리 17호, 6 · 14 함평 월계리 석계고분군, 7 부여 동남리사지, 8 부여 지선리, 9 나주 대안리, 10
몽촌토성, 11 서천 봉선리, 12 공주 산의리 3호 석실분, 13 보령 주산 유곡리, 15 논산 육곡리, 16 보
령 보령리, 17 부여 관북리 추정왕궁지, 18 영암 만수리 2-1호, 19 고창 봉덕리, 20 무안 맥포리, 21
해남 용일리 용운 3호, 22 광양 용강리 22호, 23 청원 주성리, 24 부여 부소산성

부장리 분구묘에서 확인되고 있어 한성백제의 영토확장 또는 문화교
류의 루트를 잘 살펴볼 수 있다. 한성Ⅲ기에 나타나기 시작한 Ⅰ형식
은 금강유역의 논산 모촌리 92-15호분에서 발견되고 있어서 웅진시
기 까지 점차 남쪽지방으로 전파하고 있음을 알 수 있다. 한성Ⅲ기의
이른 시기에 나타나는 것으로 생각되는 Ⅳ형식은 몽촌토성, 군포 부
곡에서 보이고, 이 시기의 마지막 단계이거나 그 보다 약간 늦은 시기
에 해당하는 금강유역의 서천 봉선리에서는[230] 석실분에 부장된 상태
로 확인되고 있어 백제문물의 확산과정을 살펴볼 수 있는 기종으로
파악된다.

　　웅진Ⅰ기는 한성시기 Ⅰ형식의 형태를 유지하였던 것으로 보이나
금강유역의 논산 표정리에서는 Ⅱ형식이 확인되기 시작한다. Ⅱ형식
은 남원 세전리에서 확인된 마한시기 장경병의 전통을 따르는 것으로
합천 저포리 D지구 1-1호분출토 장경병과 비슷하다. 이 시기에 청원
주성리 2호 석곽묘에서 ⅩⅠ형식이 확인되고 있다.[231] 웅진Ⅱ기에는 몸
체에 변화가 생겨서 원통형인 것 보다는 몸체의 중간부분이 배가 부
른 구형의 형태를 이루는 특징을 갖는다. 논산 표정리고분에서 확인
된 Ⅰ형식 중에는 몸체에 밀집파상문이 베풀어지고 구형의 형태를 띠
고 있지만 규모가 작아서 유병油瓶의 성격을 갖는 것도 포함되어 있
다.[232] 청양 학암리 2호요지에서 수습된 대각이 있는 병은 Ⅱ형식으로
추측된다.[233] Ⅲ형식은 공주 산의리 3호 석실분과 논산 표정리 당골옹

230　忠淸南道歷史文化院, 2005,『舒川 鳳仙里 遺蹟-圖版-』, p.283의 도판251-①.

231　한국문화재보호재단, 2000,『淸原 主城里遺蹟』, p.124의 도면 43-①.

232　서성훈 · 신광섭, 1984,「표정리백제폐고분조사」『중도Ⅴ』, 국립중앙박물관,
　　　p.174 도면15-④.

233　충청남도역사문화원, 2006, 『靑陽 鶴岩里 · 分香里 遺蹟-圖面 · 圖版-』, p205의
　　　도면163-⑧.

관묘 부장품[234] · 횡혈식석실분 부장품[235] 등 연산지방에서도 확인되고, 나주 복암리 3호분 4호 옹관에서 발견되고 있다. 그리고 Ⅵ형식이 금강유역의 보령 주산 유곡리에서 확인되었으며, Ⅶ형식은 영암 만수리 2호분, 고창 봉덕리유적에서, Ⅷ형식은 무안 맥포리에서 발견되고 있다.[236] Ⅶ · Ⅷ형식은 그 형태가 백제토기의 일반적인 기형과는 달라서 일본 스에끼와의 관련성이 지적되고 있다.[237] 특히 광양 용강리 22호분에서는 백제의 것으로는 유일한 Ⅸ형식이 확인된 바 있다. Ⅸ형식은 고구려 병의 형태로 알려진 것으로 한강유역의 구의동유적에서 확인된 것과 비교하면 색조가 다르지만 형태가 흡사하므로 고구려토기의 영향으로 나타난 것으로 보인다. Ⅶ · Ⅷ · Ⅸ형식은 백제지역내에서 일반화되지 못하고 지역적으로 서해안을 따라 확인되고 있어 강한 지역색을 보여준다.

사비Ⅰ기는 Ⅰ형식이 주로 확인되고 있으며 광견형을 이룬다. 일상생활유적과 고분유적에서 공히 발견되고 있으며 서산 여미리 14호분, 논산 표정리 여술고분, 장성 학성리 A-6호분, 나주 복암리 1호분 처럼 평저에 몸체가 횡타원형으로 된 것도 있다. 몸체가 타원형을 이루는 형식은 금강이남지역에서 유통된 형태로 중국제 계수호와[238] 같은 병형토기의 영향으로 나타난 요소 중 하나가 아닌가 한다.

사비Ⅱ기는 Ⅰ형식의 경부가 낮아지고 몸체에 비해 구경이 더욱 작

234 서성훈 · 신광섭, 1984,「표정리백제폐고분조사」『중도 Ⅴ』, 국립중앙박물관, p.175 도면16-②.
235 안승주, 1976, 「논산표정리백제고분과 토기」『백제문화』9집, 공주대학교백제문화연구소, pp.5~14.
236 국립광주박물관, 2005,『先史와 古代의 旅行』, p.96.
237 국립부여박물관, 2004,『百濟의 文物交流』, pp.116~131.
238 李南奭, 1999,「古墳出土 黑釉鷄首壺의 編年的 位置」『湖西考古學』창간호, 호서고고학회, pp.121~135.

아진다. 그러면서 구연부의 구순은 사각의 형태를 띠고 있다. 사비 II 기에는 사비 I 기에 보이지 않았던 II형식이 등장하고 있는데, 웅진 I 기에 나타난 II형식과는 다른 양상을 보이는 것들이다. 즉, 부여지방에서 발견되는 II형식은 중국 북조에서 유행하던 수병(土製, 銅製)을 모방하여[239] 나타난 것이라고 생각된다. II형식의 병이 부여 동남리사지 · 능사 등 특별히 사찰에서 발견되고 있는 것은 당시 불교문화의 도입과 더불어 나타난 현상이라고 할 수 있다. II형식은 영산강유역에서 나주 대안리 4호분 · 해남 용일리 용운 3호분출토품[240] 이외에는 잘 발견되지 않고 있다. 부여의 부소산성 · 용정리에서는 비교적규모가 큰 X형식이 확인되었는데, 꽃병일 가능성이 있고 중국도자기를 번안한 것으로 보인다. 신안 내양리고분에서 이 시기에 해당하는 VIII형식이 발견되었다.

사비 II 기 이후에 특이한 현상 중에 하나로 금강유역의 고분부장용으로 확인되는 병은 논산, 보령, 서천, 서산지방과 같은 부여 도성 주변에서만 이루어지고 있다는 점이다. 또한 영산강유역 중 함평 월계리 석계 '90-4호분출토 I 형식은 서천 봉선리 · 화산리고분에서 출토된 병처럼 경부가 중앙에서 약간 치우쳐 있으면서 몸체의 형태가 말각방형을 띠고 있어 재지적인 특징을 갖는 토기문화가 서해안을 따라왕래하고 있음을 알 수 있다. 또한 함평 석계 '90-4호분에서는 영산

---

239 李蘭暎, 1978,「韓國古代의 金屬瓶」『美術資料』23호, 국립중앙박물관, pp.15~30.
　　徐聲勳, 1980,「百濟의 土器瓶 考察」『百濟文化』13집, 공주대학교백제문화연구소, pp.27~36.
　　張慶捿, 1999,「北齊の蓋のある細頸銅瓶の變遷」『觀音山古墳と東アジア世界特別展圖錄』, 群馬縣立歷史博物館, pp.98~102.
240 송의정 · 은화수 · 최화종 · 윤효남, 2004,『해남 용일리 용운고분』, 국립광주박물관, p.134 사진 90.

강유역에서 가장 늦은 단계의 Ⅳ형식이 확인되었다. Ⅲ형식은 반구의 형태가 약간 퇴화하기 시작하며 논산 육곡리, 보령 보령리에서 수습되고 있다.

사비Ⅲ기는 구연부의 형태가 마치 반盤처럼 생긴 Ⅲ형식이 보령지방에서 확인되고 있다. Ⅲ형식은 시기가 내려가면서 반구 밑에 1줄의 돌대가 마련되고 구순이 높게 만들어지는 것으로 보인다. 영산강유역에서는 나주 복암리 3-7호분 출토 Ⅰ형식은 담양 재월리 및 나주 흥덕리 출토품보다 광견화가 정착되고, 구순도 발달된 형태를 띠고 있어 가장 늦은 시기의 것으로 추정된다.

13) 기대

기대는 단지와 같은 밑이 둥근 그릇을 올려놓는 받침으로 쓰이는 기형으로 공헌용기貢獻容器로 알려지고 있다.[241] 기대는 전체 형태에 따라 고배처럼 생긴 것(Ⅰ형식), 정상부가 개배 혹은 나팔형태를 하고 받침이 장고형태를 한 것(Ⅱ형식)으로 나눌 수 있다.

한성Ⅰ기는 기대의 출현이 아직 확실하지는 않지만 풍납토성 나-7호주거지출토품 중에 Ⅱ형식으로 볼 수 있는 편이 알려지고 있다. 이 기대편은 잔편에 불과하지만 몸체에 장식이 없고 소원공만 투공되고 있어 이후 나타나는 Ⅱ형식과는 다른 면을 보여주고 있다. 한성Ⅱ기는 Ⅱ형식이 발전하게 되는데 몸체에 돌대가 나타나고 받침은 벌어진 나팔형으로 이루고 있다. 풍납토성 가-유물포함층 중하층에서 확인된 Ⅱ형식은 한성Ⅱ기의 유물로 볼 수 있을 것이다.

---

241 徐聲勳, 1980,「百濟 器台의 硏究」『百濟硏究』11집, 충남대학교백제연구소 pp.193~222.
松井忠春, 1995,「韓國の土器文化について」『激動の古代東アジア』, 帝塚山大學 考古學硏究所, pp.128~139.

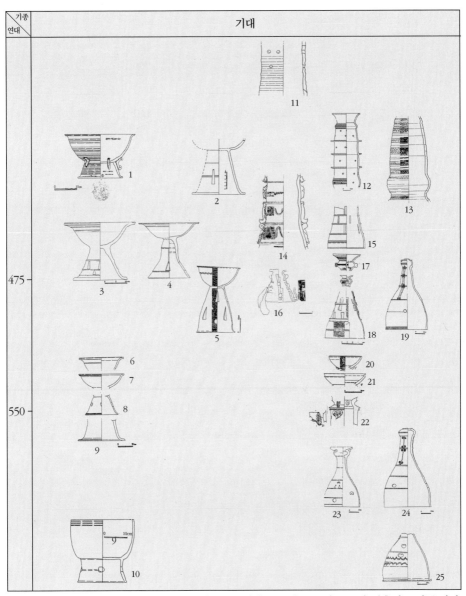

그림 15. 1 · 12 · 15 몽촌토성, 2 나주 신촌리 9호분 경관, 3 논산 모촌리, 4 논산 신흥리, 5 광주 쌍암동, 6~9 · 22 부여 능사 하층, 10 부여 관북리 추정왕궁지, 11 · 13 · 14 풍납토성, 16 청양 학암리요지, 17 · 18 공주 정지산, 19 공주 송산리, 23 · 24 부여 신리, 25 부여 염창리

한성Ⅲ기는 Ⅱ형식이 매우 발전하는 단계로 풍납토성 가–유물포함층 중층에서 확인된 유물을 통하여 알 수 있다. Ⅱ형식은 통형의 몸체에서 위에서 밑으로 갈수록 벌어지는 나팔형으로 변하게 되고, 돌대가 정형화되고 수직으로 고사리모양의 장식대가 부착되기도 한다. 그리고 밀집파상문과 사격자문이 전면에 시문되고 배부에도 고사리모양의 장식이 부착되고 있다. 이러한 형태는 공주 정지산의 웅진Ⅱ기까지도 연결되고 있다. 또한 동지역 Ⅱ형식 출토품 중에는 돌대나 고사리장식이 없이 파상문이 시문되고, 소형의 원문이 압인된 형태도 보인다. 한성Ⅲ기에 들어와 가장 변화된 것으로 Ⅰ형식이 등장한다는 것이다. Ⅰ형식은 풍납토성 가–유물포함층 중층에서 배부편이 확인되었는데, 웅진시기에 잘 보이는 고배형기대의 배부와 흡사하며 밀집파상문이 시문되어 있다. 몽촌토성에서도 Ⅰ형식이 발견되었는데, 고사리무늬가 장식되고 있는 특징을 갖고 있다. 한성Ⅲ기 중엽 이후에는 Ⅰ형식이 급격하게 변하면서 장식이 사라지고 정형화되고 있는데 청주 신봉동, 공주 수촌리 Ⅱ–4호분, 논산 신흥리 1호 출토품을 들 수 있다.

웅진Ⅰ기는 논산 연산지방고분군 출토품을 통해 살펴볼 수 있다. 연산지방고분군에서 확인되는 Ⅰ형식은 백제고지에서 가장 많은 양이 수습되고 있으며 정형화된 단계를 보여주고 있다. 연산지방은 표정리지역과 신흥리·모촌리지역에서 확인되는 양상이 다르다. 표정리에서 확인되는 Ⅰ형식은 받침부에 2단의 방형 혹은 삼각형투공이 만들어진다. 논산 신흥리·모촌리에서 확인되는 Ⅰ형식은 1단의 삼각형투공이 지배적이다. Ⅱ형식은 표정리 81–2호분에서 확인된 편이 있다. 이 편은 받침부로서 지그재그식 점열문이 있고, 돌대·고사리무늬가 장식되어 있다. [242] 완주 배매산성 다–3지구에서 확인된 Ⅱ형

---

242 서성훈·신광섭, 1984,「표정리백제폐고분조사」『중도Ⅴ』, 국립중앙박물관,

식은 이 시기에 포함할 수 있다. [243] 웅진II
기는 공주 정지산, [244] 공주 송산리고분 등
주로 공주시내에서 나온 것에 한정되고 있
다. 웅진II기는 I형식보다 II형식이 많이
발견되는 단계로서 I형식은 소멸하는 과
정에 있다. I형식은 분강·저석리고분군
에서 확인되고 있다. [245] II형식은 풍납토
성 가-유물포함층 중층에서 확인된 것과
동일계통의 것으로 띠의 폭이 더욱 넓고
납작해지고, 공주 송산리고분군 수습품을
[246] 보면 배부가 나팔형에서 개배의 형식

사진 104. 기대편(완주 배매
산성)

으로 변하고 몸체에 있는 장식이 양 끝에 가서는 다시 두 가닥으로 갈
라져 마치 하트 모양으로 바뀌고 받침부도 장고모양으로 변화하는 과
도기적인 형태를 보이고 있다. 부안 죽막동 제사유적 출토 II형식도
이 단계에 해당하는 것으로 보인다. 청양 학암리요지에서는 II형식이
다양하게 확인되고 있다.

　한편 영산강유역에 비교적 이른 시기에 나타나는 것 중의 하나가
I형식이며, 횡혈식석실분의 등장과 더불어 일시적으로 발전을 한 기
형 중 하나이다. I형식은 금강유역 웅진시기 고분군에서는 하나의
부장세트로서 존재하고 있는바 영산강유역에서 발견되고 있는 기대

　　p.170 도면 11-⑥.

243　윤덕향·강원종·장지현·이택구, 2002, 『배매산』, 전북대학교박물관, p.242 도
　　면 109-643.

244　國立公州博物館, 1999, 앞의 보고서.

245　李南奭, 1997, 앞의 보고서, p.203 도면 88의 ①.

246　百濟文化開發研究院, 1985, 앞의 책, 도판 3번 참조.

의 형태는 일반적으로 금강유역에서 유행하던 I형식과는 약간 다른 면이 보인다. 그것은 다리부분으로서 다리의 중앙부분에서부터 둥근 형태를 이루면서 길게 내려오고 그것이 날씬하게 보인다는 점이다. 이것은 웅진II기 말에 남쪽으로 전파한 I형식에 금강유역에서 유행하던 II형식의 보급과 관련하여 나타난 것이 아닌가 한다. 광주 쌍암동고분·월계동고분, 나주 덕산리 8호분 주구에서 발견된 I형식이 대표적이다.[247] 광주 쌍암동고분 I형식과 유사한 것이 분강·저석리 고분군에서 발견되고 있는데, 형태나 투공 등에서 시기가 앞서는 것이다.

영산강유역의 II형식은 나주 덕산리 8호분 주구, 광주 월계동 장고분 주구·명화동고분, 무안 고절리고분에서 발견되며 웅진II기에만 사용되는 특징을 갖는다.[248]

사비I기는 I형식이 거의 소멸하고 있지만 부여 능사 하층에서 배부가 확인되고 있다. II형식은 부여 부소산성 남문지에서 확인된 것이 가장 빠른 단계에 속한다. 부소산성 남문지출토품은 받침부만 남아있지만 공주 정지산출토품이나 논산 표정리 당골 출토품처럼 웅진시기의 특징을 갖고 있다. 사비I기의 II형식은 부여 군수리에서도 수습되고 있다.[249] 사비II기에는 크기가 작아지면서 배부 밑에 장식되는 원구圓球의 형태가 작아지면서 완만해지며, 대각臺脚의 중간부가 약간 각진 것에서 둥근 형태로 변한다. 그리고 몸통에 톱니무늬가 고사

247 林永珍, 1996, 「光州 雙岩洞古墳」『全南의 古代墓制』, 목포대학교박물관, pp.678~679.
248 徐賢珠, 2006, 『榮山江流域의 三國時代 土器 研究』, 서울大學校博士學位論文, pp.120~126.
249 김종만, 2006, 「성왕시대의 백제 생활토기」『백제 성왕과 그의 시대』, 부여군백제신서3.

리무늬와 같이 사용되다가 고사리무늬만 남게 되지만 형식화되고, 삼
각형·장방형 투공이 소멸되고 원형 투공이 장식되고 있다. 대각의
원형 투공은 원형+쌍원형에서 원형+하트형으로 변한다.

사비Ⅲ기가 되면 받침부에 있는 하트형의 투공은 뒤집어진 상태로
변하거나 화염문 처럼 윗부분이 뾰족하게 된 것도 있는데, 모두 Ⅱ형
식 중 후대의 것이라고 할 수 있겠다. 표면의 침선 문양은 평행선문 +
파상문이 결합된 상태로 나타나거나 문양이 없는 것도 있다. 사비Ⅲ
기가 되면서 Ⅱ형식은 배부와 몸체 일부분이 파손된 채로 옹관으로
사용되는 경우가 부여지방에서 확인되고 있다. 또한 이 시기에 괄목
할만한 특징으로 녹유로 된 Ⅱ형식이 부여 능산리고분군 주변에서 확
인되었다.

14) 개배

개배는 일상생활용, 제사용, 부장용으로 모두 사용된 것으로 저부의
형태에 따라 평저(Ⅰ형식), 원저(Ⅱ형식)로 나눌 수 있다. 구연부의 형
태에 따라 직립(A)·내경(B)·내경후 직립(C)으로 세분된다. 견부의 형
태에 따라 둥근 것(1)·뾰족한 것(2)·깎아내어 각이진 것(3)으로 나누
어진다.[250] 개배는 Ⅱ형식보다는 Ⅰ형식이 빠른 시기 유적에서 발견되
고, 구연부는 B·C보다는 A가 빠른 시기의 Ⅰ·Ⅱ형식에 보인다. 견
부는 1→2→3의 순서로 나타나고 있으나, 백제 후기에 이르면 배신이
얕아지면서 견부의 상단이 2의 상태로 된다. 소성도는 일반적으로 토
기의 발전단계에 따라 경질화가 이루어졌으며, 색조는 요窯 내부의 고

---

250 김종만, 2002,「百濟 蓋杯의 樣相과 變天」『考古學誌』13집, 한국고고미술연구소,
pp.53~89.
_____, 2001, 앞의 논문, pp.81~111.

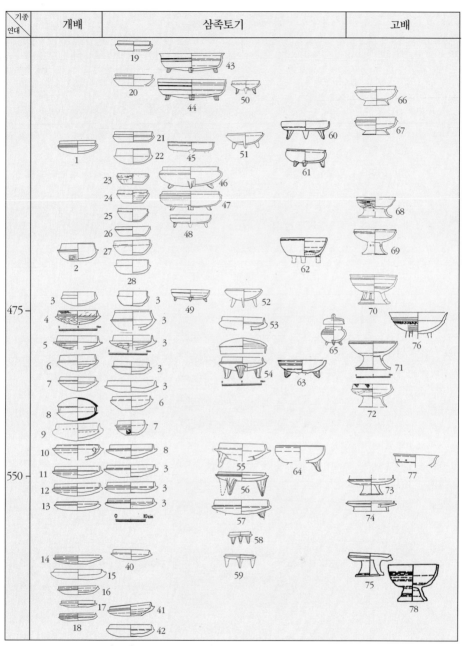

그림 16. 1·19·48 풍납토성, 2·23~28·62 청주 신봉동, 3·29 익산 입점리, 4~6·30·31·53·54·
72·76 공주 정지산, 7 논산 모촌리, 8 담양 재월리, 9 서천 봉선리, 10~13·36~39·56·57·64·73·
74·77 부여 능사 하층, 14·15 논산 육곡리, 16~18·35·78 나주 복암리, 20 진천 산수리, 21·22·
43~47 ·50·51·60·61·66·69 몽촌토성, 32·52·65·68 논산 표정리, 33·34 공주 산의리, 40·55
부여 정림사지, 41 보령 보령리, 42 부여 관북리 추정왕궁지, 49 하남 미사리, 58 고창 운곡리요지, 59 익
산 미륵사지, 63 공주 공산성, 67 용인 수지, 70 고창 봉덕리, 71 대전 월평동, 75 함평 월계리 석계고분

온 처리로 인하여 흑회색계
통이 많아지게 되었다.

사진105. 개배(서울 석촌동)

한강유역에서 발견되고
있는 개배의 형태는 중국에
서 기종의 직접 수용도 생
각해볼 수 있으나 한강유역
의 고배, 삼족토기의 배신 형태와 관련하여 매우 흡사한 형태를 띠고
있으므로 개배는 한강유역에서 백제식으로 발전시켜 개발되었을 수
도 있다. 개배는 한성 I 기의 유적에서는 찾아볼 수 없다. 한성 II 기가
되어야 풍납토성, 몽촌토성, 석촌동고분군 등에서 소수가 확인되고
있다.

개배는 한성Ⅲ기가 되면 백제의 영역확장과 더불어 남부지방으로
전개되고, 청주 신봉동의 토광묘 축조집단에 전해져 새로운 형태의
탄생을 보게 되었다. 그리고 금강유역, 영산강유역에 전해져 양이부
호, 이중구연토기와 같은 토기를 사용하고 있었던 마한세력에 의해
부여 논치, 영암·광주일대, 보성강유역의 승주일대에서 선 수용되었
다. 저부와 몸체와의 사이는 한대토기에서 볼 수 있었던 깎기 조정이
[251] 청주 신봉동고분, 담양 성산리 주거지출토품에서 나타나고 있다.
이러한 형태에 변화가 나타나기 시작한 것은 청주 신봉동 '92-2호 출
토품(국립청주박물관 소장품 2377번)에서와 같이 배의 형태는 이전과
비슷하나 구연부가 높고, 바닥과 몸체와의 사이를 정지 깎기에서 회
전 깎기로 정면하고 바닥에 'X'자형의 마크가 추가되고 회전 물손질
에 의한 제작기술이 가미되기 시작한다.

웅진 I 기는 개배가 금강유역에서 고배, 삼족토기를 대신하여 폭발

---

[251] 谷豊信, 1985·1986, 앞의 논문.

적인 선호도에 부합하여 형태가 진일보하면서 금강 이남지역에서 새로운 전기를 마련하게 된 시기로, 실제로 익산, 정읍, 나주 등 만경강 · 영산강유역에서 대량생산체제를 이루어 공급하게 된 것으로 보인다. 이 시기 금강유역의 공주 도천리에서 출토한 배에 나타난 마크 중에 'D' 자가 있는데,[252] 영산강유역의 나주 복암리 고분군에서 발견된 'D' 자형 마크가 있는 배와 비교해볼 때 형태와 마크의 표현이 흡사하고 제작이 영산강유역에서 이루어진 것으로 짐작되어 금강유역으로 파급된 것이라고 추정된다. 이러한 현상은 생산체계가 도읍이 있었던 금강유역보다는 남부지방에서 이루어진 것으로 당시 백제 세력의 지배방식이 이루어낸 결과라고 생각된다. 개배의 형식은 웅진 II 기까지도 금강유역과 영산강유역에서 그 변천이 이루어진다. 익산 신용리, 완주 배매산성에서 개배가 발견되고 있어 웅진 II 기를 통해서 개배의 확산이 꾸준히 이루어지고 있음을 알 수 있다. 공주 단지리 횡혈묘에서는 개배가 부장품으로 나왔는데 스에키계 배가 포함되어 있다.[253]

영산강유역에서는 횡혈식석실분의 채용과 더불어 더욱 활발하게 진행되었는데, 그것은 영산강 본류에 만들어진 대량생산체제와 관련이 있으며 백제문화의 적극적인 수용이라고 생각된다. 영산강유역에서 개배의 전개는 광주 주변의 쌍촌리 · 무안 양장리 주거지와[254] 같은 곳에서 생활토기로 먼저 이루어지고 있지만 나주지역의 고분 내에서 명기적明器的인 성격을 갖고 부장되는 경우가 많다. 또한 정읍 신월리 유적을[255] 통해 정읍지역에 개배가 들어오는 시기도 알 수 있는데, 정

---

252 金鍾萬, 2001, 앞의 논문, 그림 3-②.
253 국립공주박물관 · 충청남도역사문화원, 2006,『한성에서 웅진으로』.
254 임영진 · 서현주, 1999,『光州 雙村洞 住居址』, 전남대학교박물관.
　　최성락 · 이영철 · 윤효남, 2000,『무안 양장리 유적 II』, 목포대학교박물관.
255 한수영 · 신원재, 2005,『정읍 신월리 유적』, 호남문화재연구원.

194　백제토기의 신연구

읍 화정리요지에서 만들어 공급했을 가능성이 높다. 무안지방 개배의 확산은 영산강유역 개배의 확산과 궤를 같이하는 것으로 중요하며 이 지역이 개배의 선호도가 시작된 시점과도 관련이 깊다.[256] 한편 개배 는 제사유적에서도 발견되고 있으나 육지제사와 달리 바다제사에서 는 잘 사용하지 않은 것으로 보이는데, 부안 죽막동유적에서는 개배 가 잘 보이지 않는다.

사비시기는 개배의 사용이 웅진시기보다는 소극적인데, 이는 율령 체제하의 생활용기 및 부장토기에 대한 국가의 적극적인 통제와 관련 이 있어 보인다. 개배는 부여나 익산지방의 생활유적과 논산, 보령 등 지의 횡혈식석실분에서 소량으로 발견되고 있다. 영산강유역에서는 생활유적보다는 고분부장용으로 발견된 예가 많아 양 지역의 상황이 다르게 나타나고 있다. 사비Ⅲ기에 고분에 부장된 개배는 구연부가 높지 않고 선단이 뾰족한 형태를 하고 있는데, 백제가 중국과의 부단 한 문화교류 속에서 얻어진 기술적인 발전의 결과로 생각된다.

15) 삼족토기

삼족토기는 백제토기의 상징처럼 인식될 정도로 백제의 고유기종 이다. 삼족토기는 반형(Ⅰ형식), 배형(Ⅱ형식), 완형(Ⅲ형식), 호형(Ⅳ형 식)으로 나눌 수 있다.[257] 이들은 유개식(A),[258] 무개식(B)으로 나누어 진다. 또한 견부의 형태에 따라 구연부의 하단에 뚜껑받이 턱이 돌기 형태로 나온 것(1), 둥근 것(2), 뚜껑받이 턱이 2의 형태에서 변화한 것

---

256 이영철 · 송공선, 2005,『무안 맥포리 유적』, 호남문화재연구원.
257 본래 삼족토기는 반, 배에 삼족을 부가한 것만 이름하고 있으나 여기에서는 토 기 저부에 3개의 다리가 붙은 백제시대 기종을 모두 포괄하여 분류하였다.
258 土田純子, 2004,『百濟 土器의 編年 硏究』, 忠南大學校大學院碩士學位論文, pp.24~87.

(3), 뚜껑받이 턱이 3보다 좁아지고 수평을 이루거나 패인 형태로 된 것(4)으로 분류할 수 있다. A형은 유뉴식ⓐ, 무뉴식ⓑ으로 나뉘고, a형은 보주형, 단추형, 권대형 등으로 다시 세분된다. 삼족토기는 신기종으로 그 출현에 대하여는 여러 학설이 있지만 처음 한강유역에 나타나는 형태는 진대晉代에 유행하던 청동제의 반류와 같은 금속기를 모방한 것으로 보는 것이 대체적인 경향이며,[259] 사비시기까지 다양한 모델에 의해 형식이 변천하였던 것으로 보인다.

삼족토기는 한성Ⅱ기에 처음 등장하는 기종으로 풍납토성 경당지구 9호 유구 하층, 미사리고032호·숭B-2호주거지, 용인 수지, 몽촌토성에서 확인되고 있다. 이 시기에는 Ⅰ형식과 Ⅱ형식이 공히 사용되고 있으며 Aa형에 보주형이 많고, 견부는 1, 4형태가 주종을 이룬다.

한성Ⅲ기에는 Ⅰ형식이 소멸하는 과정에 있으며 Ⅱ형식도 회청색경질화灰靑色硬質化하고 있다. 이 시기에는 백제의 남쪽지방에 대한 영역화과정을 거치면서 Ⅱ형식이 확산되고 있다. 그리고 몽촌토성에서 발견된 Ⅲ형식의 영향을 받은 것이 서산 부장리 분구묘, 홍성 신금성, 청주 신봉동고분군에서 확인되고 있으나 대중화되지는 못하였다. 또한 공주 수촌리 Ⅱ-5호 석곽분에서 확인된 Ⅱ형식도 이 시기에 해당하는 것으로 중앙문화의 수용과정을 잘 보여주고 있다.

웅진Ⅰ기의 Ⅰ형식은 완전히 소멸하고 Ⅱ형식만이 나타나고 있으며 견부의 형태도 3으로 변한다. 웅진Ⅰ기 말~웅진Ⅱ기 초에 논산 표정리, 분강·저석리 16호 석실분 주변에서 Ⅳ형식이 확인되었다. 완주 배매산성 출토 Ⅱ형식은 웅진Ⅰ기~웅진Ⅱ기에 걸친 형식이다. 군산 산월리고분에서 발견된 Ⅱ형식은 바닥에 소원공이 있는데, 합천 창리 A 제80-e호분출토 Ⅱ형식과 유사하다.[260] 웅진Ⅱ기는 웅진Ⅰ기

---

259 박순발, 1998, 앞의 논문.

보다 기형상에 변화가 나타나고 있는데, 그릇의 깊이가 점차 얕아지고 있다는 점이다. 익산 웅포리 '92-7호분은 아직 한성시기의 형태를 유지하고 있지만 공주 송산리 방대형기단·정지산 23호 저장공·산의리 6호분 등의 Ⅱ형식을 보면 전시기보다 현저하게 달라지고 있음을 알 수 있다. 이후 부여 저석리 2호분·염창리Ⅲ-82호분·정림사지 하층에서 확인된 기형들을 보면 더욱 기심이 얕아지고 다리의 부착지점도 달라지고 있음을 알 수 있다. 웅진Ⅱ기에는 공주 정지산, 보령 노천리, 서천 당정리·문장리 등의 금강하류를 따라 ⅡB형식이 발견되고 있으며, 영산강유역의 영암 설매리에서도[261] 확인되고 있어 서해안 양식으로 불려지고 있다.[262] 영암 설매리출토품과 비교할 수 있는 것으로는 공주 계룡 중장리 출토품과[263] 고창 아산 육기부락 출토품을[264] 들 수 있다.

사비시기는 Ⅱ형식이 주로 사용되고 있으며 개배와 마찬가지로 소멸하는 기종 중 하나로 매우 적은 양만이 발견되고 있다. 부여 능사 하층에서 확인된 Ⅲ형식 1점은[265] 사비시기에는 의외의 것으로 경기 군포 부곡, 서산 부장리, 홍성 신금성 출토품과 관련된 것으로 사비시기의 이른 시기에 이르기까지 사용되고 있는 것은 흥미로운 일이다. 사비Ⅰ기는 배신이 매우 낮아졌으며 배신의 가장자리에 삼족을 부착하며 삼족은 다리의 끝이 바깥으로 벌어지도록 한 것이 특징이다. 사

---

260 沈奉謹, 1987, 『陜川 倉里古墳群』, 東亞大學校博物館, p.207 도면129-③.

261 百濟文化開發研究院, 1984, 앞의 도록, p.393의 525번 참조.

262 金鍾萬, 1995, 「忠南西海岸地方 百濟土器研究-保寧·舒川地方을 中心으로」『百濟研究』25집, 충남대학교백제연구소, pp.49~87.

263 百濟文化開發研究院, 1984, 앞의 도록, p.409의 569.

264 百濟文化開發研究院, 1984, 앞의 도록, p.409의 568.

265 金鍾萬, 2006, 「성왕시대 백제 생활토기」『백제의 성왕과 그의 시대』, 부여군백제신서3, p.160의 도면 7-6.

비 I 기는 고분부장용보다는 일상생활용이 확인되는 비율이 높은데, 부여 능사 하층 출토유물이 대표적이다. 사비 I 기는 II A형식 중 꼭지가 권대형을 하고 있는 것이 보령지방에서 발견되고 있다. 권대형 꼭지를 갖는 삼족토기는 광주 월계동 1호 장고분 주구에서도 확인되고 있다. 사비 II 기는 부여 부소산성 북문지 부근 토기밀집유구, 서천 화산리고분에서 확인되는 기형이 대표적이다. 영산강유역에서는 장성 동화 서양리,[266] 장성 만무리고분, 장흥 지천리유적 환호출토품이 있다. 사비 III 기는 일상생활용과 고분부장용이 거의 소멸하는 단계이다. 부여 부소산성에서 발견된 삼족토기는 지름이 19cm나 되는 큰 것이 있으며 익산 미륵사지에서도 확인되고 있다.

한편 사비 III 기에는 II 형식의 배신부에 4개의 다리가 부착된 사족토기가 부여 궁남지와 고창 장곡리에서 확인되고 있다.

16) 고배

고배는 배신부에 굽이 달려 있는 것으로 뚜껑이 있는 유개식(I 형식)과 그렇지 않은 무개식(II 형식)으로 크게 나뉜다. I 형식은 견부의 형태에 따라 구연부 아래 뚜껑받이 턱이 돌기식으로 나온 것(A), 견부가 둥글고 뚜껑받이 턱이 돌기식으로 나온 것(B), 뚜껑받이 턱이 B의 형태에서 변화한 것(C), 뚜껑받이 턱이 C보다 좁아지고 수평을 이루거나 패인 형태로 된 것(D)이 있다.

고배는 한성 II 기에 처음 등장하는 기종으로서 일상생활유적에서 먼저 나타난다. 풍납토성 경당지구 9호 유구 하층, 몽촌토성 10호 저장고, 용인 수지유적에서 I A · I B형식이 발견되고 있다. 이 시기 고배는 굽이 낮은 것이 특징이다. 한성 III 기에는 I 형식이 다양하게 만들어

---

266 國立光州博物館, 2003, 『長城 諸兵協同訓練場 文化遺蹟 地表調査 報告書』.

진다. 몽촌토성에서 견부가 다양하게 확인되고 동지역 서남지구에서 확인된 I형식에는 배신부와 다리 사이에 원형투공이 나타나고 있다. 이러한 원형투공은 금강유역에서는 논산 모촌리 2호분에서 등장하고, 백제고배의 특징으로 알려지고 있다.[267] II형식도 석촌동고분군에서 확인되면서 고분부장용으로서 등장하기 시작한다. 또한 논산 표정리 출토품 중에는 다리 하부가 단이지는 형태도 나타나고, 미사리 6호 저 장공에서는 다리 하부의 끝이 들어올려지는 형태도 등장하게 된다.

웅진 I 기는 I 형식 위주로 확인되고 한성III기의 형태를 발전시킨 것으로 배신의 깊이가 얕아지기 시작하고 다리가 길어진다. 주로 이 시기는 논산 연산지방에서 확인되고 있어 일상생활용보다 고분부장 용으로 많이 사용하고 있음을 알 수 있다. 웅진 II 기는 공주 무령왕릉 봉토 · 정지산 출토품처럼 웅진 I 기 형태의 연장선상에 있으나 다리 가 다시 낮아지는 형태도 있다. 공주 정지산 23호 주거지 부근 퇴적층 하층에서 발견된 II형식은[268] 고창 봉덕 방형추정분 북쪽주구, 장성 만무리고분 출토품과 흡사하며 영산강유역과 관련된 고배이다. 그리 고 부안 죽막동 제사유적에서 확인된 II형식은 스에끼계 토기로 알려 지고 있다.[269]

사비 I 기는 부여 염창리 III-62호분에서 확인되고 있는데 배신보다 다리가 길어진 형태를 하고 있다. 사비 II 기가 되면 금강유역에서는 고분부장용은 더 이상 확인되지 않고 부여 궁남지 · 서나성 · 부소산 성 북문지부근 토기밀집유구 등의 생활유적에서 소량이 발견될 뿐이 다. 서천 봉선리에서 발견된 단각고배는 백제고유의 고배형태에서 벗

---

267 윤무병, 1979, 앞의 논문.
268 국립공주박물관, 1999, 앞의 보고서, 도판 54-④.
269 李盛周, 2002, 「南海岸地域에서 출토된 倭系遺物」『古代東亞細亞와 三韓 · 三國 의 交涉』, 복천박물관, p65.

어난 형식으로 신라와의 문화교류에 의해 나타난 것으로 이해된다.[270] 영산강유역에서는 함평 월계리 석계고분군·신안 내양리고분에서 소량 발견되고 있는데,[271] I 형식으로 대각의 하단은 급격하게 외반하면서 띠를 이루고 있어 무령왕릉 봉토출토품의 영향으로 나타난 것이 아닌가 한다. II 형식은 나주 복암리고분군에서 1점만이 수습되어 비교할 수는 없지만 배신에 융기선이 침선으로 변하고, 대각에 투공이 없어지고 돌대 윗부분의 높이가 낮아지고 있어 후기적인 요소라고 할 수 있으며, 신라계 양식의 영향으로[272] 나타난 것이 아닌가 한다.

17) 등잔

등잔은 내부에 기름을 담아 심지를 이용하여 불을 밝히는 용기로서 구연부가 외반인 것(I 형식)보다 직립인 것(II 형식)이 많이 사용되었다. 등잔 내부는 촉이 있는 것(A), 촉이 없는 것(B)과 벽이 있는 것(C)이 있다. 등잔은 고분부장용보다는 일상생활용으로 확인되고 있다.

등잔은 한성시기부터 사용했을 것으로 보이나 잘 알려져 있지 않고 있다. 웅진II기에 해당하는 공주 공산성 추정왕궁지 연지내부에서 확인된 IIB형식은 내부에 촉이 없다.

사비시기에는 각종 생활유적에서 I 형식과 II 형식이 공반하고 A형과 B형도 동시에 확인되고 있어서 시기적인 선후관계를 밝히기가 어렵다. 부여 능사 강당지 서측건물지 공방지2 통로에서는 무려 30여 개의 등잔이 수습된 바 있다.[273] 등잔은 경질토기로는 잘 만들지 않고

270 金鍾萬, 1990, 『短脚高杯의 歷史性에 대한 硏究』, 忠南大學校碩士學位論文.
_____, 1995, 앞의 논문, pp.49~87.
271 은화수·최상종·윤효남, 2004, 「신안 내양리고분 출토유물」『해남 용일리 용운고분』, 국립광주박물관.
272 尹武炳, 1978, 「汪山里古墳群」『大淸댐水沒地區發掘調査報告』, 충남대학교박물관.

기종 연대	등잔	호자	변기	연가

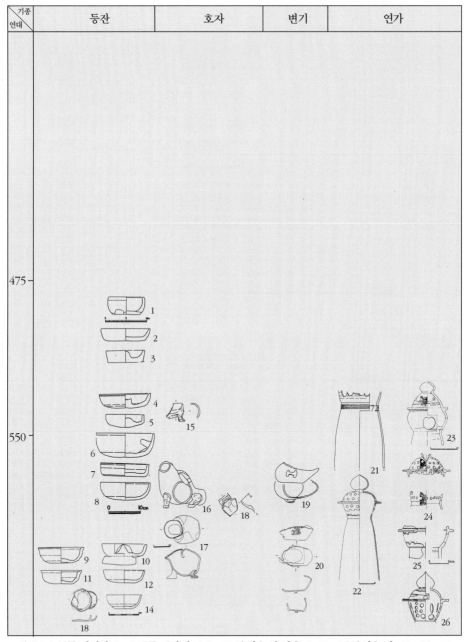

475 —

550 —

그림 17. 1 공주 정지산, 2·3 공주 공산성, 4~8·15 부여 능사 하층, 9~12·26 부여 능사, 13·14·20·
22·25 익산 왕궁리, 16·19 부여 군수리, 17 광양 고락산성, 18 부여 부소산성, 23·24 부여 화지산

대부분 와질소성으로 되어 있어 사비시기 흑색와기의 범주에 의해 만들어져 공급된 것으로 보인다. 영광 송죽리고분에서는 ⅡB형식이 확인되어 주목되고 있는데, 사비시기 고분 내부에서 등잔이 확인된 예는 매우 희소하다.

사진 106. 등잔(부여 관북리 추정 왕궁지)

한편 ⅡC형식은 부여 관북리 추정왕궁지, 익산 왕궁리에서 확인되는 등잔으로 용량이 커서 오랜 시간 동안 사용할 수 있도록 특수 고안된 것이 아닌가 한다. ⅡC형식은 용기의 내부를 나눈 것, 용기의 가장자리에 심지를 놓을 수 있는 공간을 덧댄 것으로 다시 나눌 수 있다. ⅡC형식 중 부여 관북리 추정왕궁지 출토품 중에는 손잡이가 부착된 것이 있다.

18) 호자虎子

호자는 남자가 사용하는 변기이다. 도자기로 된 중국호자가 4세기경 백제에 알려지기 시작한[274] 후 웅진시기를 지나 사비시기에 들어와 토제로 만들어지기 시작한다. 사비시기 호자는 2개의 형식이 알려지고 있는데, 중국과 관련하여 발전한 동물형(Ⅰ형식), 고구려와의 관계에 의하여 수용된 주구부호형(Ⅱ형식)이 있다.

---

273 국립부여박물관, 2000, 『陵寺』.

274 徐聲勳, 1979,「百濟虎子 二例」『百濟文化』12집, 공주대학교백제문화연구소, pp.123~130.
殷和秀, 1998,「傳 개성출토 靑磁虎子에 考察」『考古學誌』9집, 한국고고미술연구소, pp.51~94.

Ⅰ형식은 6점이 있으며 현재로서는 다리의 형태를 보고 시기적인 차이점을 논의 할 수밖에 없는데 다리의 형태가 몸통과 붙어 L자형을 띠고 있는 부여 능사 하층 출토품이 연

사진 107. 호자(여수 고락산성)

대상 가장 이른 사비Ⅰ기의 것으로 보인다. 부여 군수리에서 수습된 것은 앞다리를 I자형으로 펴고 있어 사비Ⅱ기의 늦은 단계의 것으로 생각된다. 그리고 부여 군수리 출토품은 중국의 호자보다는 윤곽이 유연하고 무엇보다도 실용성이 강조되어 입구부가 높이 만들어진 특징을 갖고 있어 백제화된 느낌을 주고 있다. 부여 관북리에서 확인된 것은 주구부가 크며, 턱에 갈기가 표현되어 있어 새로운 맛을 준다. 여수 고락산성에서도 Ⅰ형식이 확인되었는데, 부여지방출토품과는 제작방법이 다른 것으로 보인다. 부여지방출토품은 중국 호자와 비슷한 양상을 보이면서 4개의 다리를 부착하여 제작되고 있으나 고락산성출토품은 소형 단경호의 구연부 일부를 위로 젖혀 주입부분을 크게 만들고 다리를 3개만 붙인 것이 차이점으로 지방산임을 알 수 있다.

Ⅱ형식은 주구부注口部만 남아있는데, 부여 부소산성 · 능사에서 확인되고 있다. 공주 학봉리와 공주대학교박물관 소장품 중에 부여지방 출토 Ⅱ형식이 전하고 있다.[275] 그러나 대체적으로 고구려계이며 암문토기와 같은 성격으로 부여지방에 등장하는 것이 아닌가 한다.

호자는 부여, 익산, 여수지방 이외의 백제지역에서는 확인되지 않고 있어 기종의 제한적 사용과 관련이 깊다.

---

275 백제문화개발연구원, 1984, 『백제토기도록』, p.185 및 361.

①   ②

108. 변기(① · ② 익산 왕궁리)

19) 변기便器

변기는 호자와는 달리 여성들이 소변을 보던 용기로 알려지고 있
다. 변기라는 기종은 한성시기~웅진시기의 것은 아직 발견 예가 없으
며 사비시기의 것이 약간 알려지고 있다. 변기는 부여 군수리와 익산
왕궁리에서 확인되었다. 부여 군수리 출토 변기는 몸체를 한번에 만
들었는데 비해 익산 왕궁리출토품은 바닥과 몸체 측면을 만들고 후에
윗부분을 따로 만들어 붙인 특색을 갖는다. 그리고 익산 왕궁리 변기
중에는 내부에 있는 액체를 따르기 쉽게 앞부분에 타원형의 구멍이
있는 것도 있다. 부여 군수리 출토품은 토기 외면의 곡선이 유려하고
토기의 질감이 잘 우러나 있다.

20) 연가煙家

연가는 토관 2~3개를 연결하고 상부에 보주형의 막음장식을 놓아
만든 것으로 굴뚝에 설치하여 연기를 내보내는 시설이다. 연가는 부
여 능사 출토품이 처음으로 확인되어 알려진 것이며, 고구려에서 확
인되고 있는 연가의 영향으로 나타난 것으로 보고 있다.[276] 사비시기

연가의 형태는 사실 완전한 것은 없으며 집안 우산하묘구 M2325호 출토품을 통해 알 수 있다.[277] 집안의 고구려유적 출토품은 고분부장용이며 하트형의 투공만 배치하고 있으며 6세기경의 연대를 갖는다. 연가는 보주형 장식에 소형의

사진 109. 연가(익산 왕궁리)

원형 투공만 배치된 것(Ⅰ형식), 하트형 투공+원형 투공(Ⅱ형식), 원형 투공+사각형 투공(Ⅲ형식), 원형 투공+타원형 투공+방형 투공(Ⅳ형식)으로 분류할 수 있다.

사비시기 이전의 형태는 원통형의 몸체만 있기 때문에 연가라고 할 수 없으며 연통만 사용된 것이라고 할 수 있다. 그러므로 보주형의 장식이 있는 백제연가는 사비시기에 처음 나타나는 기형이다. 백제연가는 사비Ⅱ기부터 나타나기 시작한다. Ⅰ형식은 소형의 원형 투공만을 배치하고 있어 사실 하트형이나 사각형의 투공이 배치된 형식보다 빠를 가능성이 있으나 유적의 성격상 Ⅱ형식보다 늦는 것으로 보인다. 집안 우산하묘구 M2325호 출토품과 가장 유사한 형태는 부여 화지산에서 확인된 Ⅱ형식으로 원형 투공을 추가하고 있다. 사비Ⅲ기가 되면 원형 투공에 사각형의 투공을 추가한 Ⅲ형식이 등장하는데 익산 왕궁리유적에서 확인되고 있다. 또한 이 시기의 말쯤에는 연가 중 가

---

276 金容民, 2002,「백제 煙家에 대하여」『文化財』35집, 국립문화재연구소, pp.58~80
　　 金圭東, 2002,「百濟 土製 煙筒 試論」『科技考古研究』8집, 아주대학교박물관, pp.51~68.
277 耿鐵華・林至德, 1984,「集安高句麗陶磁器的初步研究」『文物』84-1, 文物出版社.

장 화려한 형식인 Ⅳ형식이 부여 능사 공방지1에서 발견되었다. 사비시기 연가의 큰 특징은 고구려에는 없는 원형 투공의 존재를 들 수 있는데, 이는 백제만의 독창적인 투공 형태라고 생각된다. 연가는 부여, 익산에서만 발견되고 있어 영산강유역에서는 사용되지 않은 토기라고 생각되며 도성을 중심으로 한 고급 기종 중 하나이다.

21) 벼루[陶硯]

벼루는 문방사우의 하나로 문자문화의 발전과 더불어 발전한 기종이다. 벼루는 다리의 형태에 따라 무족식無足式(Ⅰ형식), 다족식多足式(Ⅱ형식), 대족식臺足式(Ⅲ형식)으로 나누어진다. Ⅰ형식은 연반의 형태가 원형이다. Ⅱ형식은 연면의 형태에 따라 사각형(A), 원형(B)으로 나눌 수 있다. ⅡB형식은 다리의 형태를 중심으로 단순형單純形(a), 수적형水滴形(b), 수족형獸足形(c)으로 세분된다. Ⅲ형식은 투창이 없는 것(A), 투창이 있는 것(B)으로 나눌 수 있다. ⅢB형식은 투창의 형태에 따라 원형, 방형, 하트형, 안상형 등 몇 개의 형식으로 세분할 수 있다.[278]

벼루는 한성시기부터 사용했을 것으로 짐작된다. 하지만 토기로 만들어 사용한 것은 아직 발견 예가 없으며 몽촌토성에서 확인된 벼루편으로 보아 중국도자기를 그대로 사용했을 가능성이 있다. 벼루의 제작이 쉽지 않았거나 사용층이 제한되어 있었던 것이 아닌가 한다. 웅진Ⅰ기의 벼루는 아직 알려진 것이 없고, 웅진Ⅱ기의 벼루가 공주 공산성 연지내부에서 확인되었는데 ⅡBa형식이다.

사비시기는 백제벼루의 발전기인 동시에 완성기로서 여러 형식이 존재한다. 사비Ⅰ기는 는 웅기Ⅱ기의 연장선상에 있으며 ⅡBa형식이

---

278 山本孝文, 2003,「百濟 泗沘期의 陶硯」『百濟硏究』38집, 충남대학교백제연구소, pp.85~118.

기종\연대	벼루	도가니

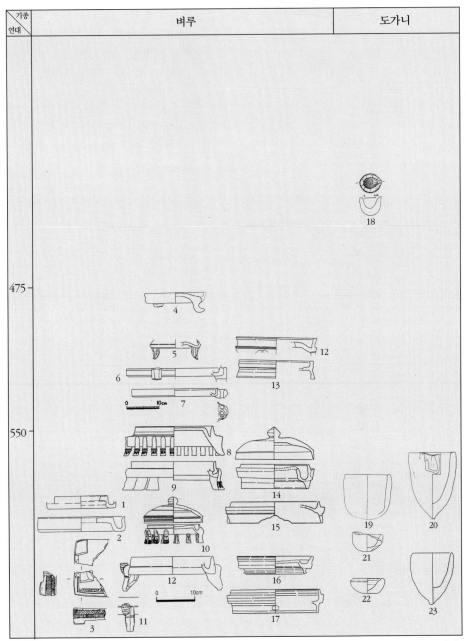

그림 18. 1 · 2 · 9 · 19 부여 부소산성, 3 · 11 · 16 · 21 부여 관북리 추정왕궁지, 4 공주 공산성 연지,
5~7 · 12 · 13 부여 능사 하층, 8 부여 금성산, 10 부여 쌍북리, 14 부여 정암리요지, 15 부여 천왕사지,
17 · 22 · 23 익산 왕궁리, 18 몽촌토성, 20 부여 쌍북리

부여 능사 하층에서 확인되고
있다. 부여 능사 하층 출토품
은 공주 공산성 연지출토품이
무개식인 점에 대해 유개식이
며 경질토기로 만들어진 특징
을 갖는다. 사비Ⅱ기는 부여
정암리 A지구 1호요지 출토의
ⅢA형식이 등장한다. 그리고

사진 110. 벼루(부여 금성산)

중국에서 남조시기 즉, 6세기 때까지 연대가 올라갈 수 있는 ⅡBb형
식이 이 시기에 해당할 것으로 추정된다. ⅡBc형식은 중국 수·당대
벼루를 모방한 것으로 다리의 하부를 연판을 부조한 특징을 갖고 있
는데, 부여 금성산 출토품이 대표적이다. ⅡBc형식 중에는 녹유가 시
유된 것이 부여 궁남지·부소산성에서 확인되고 있다. 사비Ⅲ기는 모
든 형식이 사용되고 있으며 이전 시기가 중국 벼루 모방단계라고 한
다면 이 때부터는 벼루의 백제화가 이루어지는 시기라고 할 수 있다.
사비Ⅲ기는 ⅡAa·ⅡBb·ⅡBc·ⅢA·ⅢB형식의 다리가 낮아지는
형태를 하는 점이 특징이다. ⅡAa형식은 부여 관북리 추정왕궁지 연
지에서 편이 확인되었다. ⅡBb형식 중 부여 관북리 추정왕궁지 연지
에서는 붓을 꽂을 수 있는 것도 수습되었다. 주로 부여·익산·순천
지방에서 확인되고 있다. 그러나 부여 전 이궁지출토 백자연에서와
같이 중국의 벼루가 끊임없이 수입되고 있어 백제 벼루의 형식은 더
늘어날 것이다.

22) 도가니

도가니는 광석에서 광물을 채취하거나 광물을 끓이는데 사용하는
것이다.[279] 도가니는 바닥의 형태에 따라 밑이 둥근 것(Ⅰ형식)과 밑이

뾰족한 것(Ⅱ형식)으로 Ⅰ·Ⅱ형식은 소형(A), 중형(B), 대형(C)으로 다시 나눌 수 있다. Ⅰ·Ⅱ형식은 특별히 도가니로서 특별히 제작한 것이며, 최근에 기존의 토기를 전용하여 사용한 것(Ⅲ형식)이 확인되었다.

한성시기 도가니는 몽촌토성에서 수습된 ⅠA형식이 있다. 아직은 1점에 불과하고 이 보다 빠른 시기의 유적으로 알려지고 있는 풍납토성에서 확인되지 않고 있어 한성시기 도가니의 형태를 잘 파악할 수 없다. 다만 낙랑의 문화적인 영향이 공방에 직접적으로 영향을 주었다면 바닥이 편평한 원통형의 도가니도 발견될 가능성이 있다.

웅진시기의 도가니는 아직 1점의 예도 알려진 것이 없다. 이러한 상황은 무령왕릉의 벽돌을 구웠던 곳이 부여지방인 것처럼 금속류, 유리 등의 제품을 만들 때 사용한 도가니도 부여지방에서 발견될 가능성이 높다.

사비시기의 도가니는 부여·익산에서 확인되고 있다. 사비시기는 Ⅰ·Ⅱ·Ⅲ형식이 모두 수습되고 있다.

ⅠA형식은 부여 관북리 추정왕궁지출토품이 있다. 이 형식은 몽촌토성의 ⅠA형식의 연장선상에 있으며 선사시대 이래의 전통성이 강한 형식으로 추정된다.[280] ⅠB형식은 부여 부소산성·부소산폐사지·익산 미륵사지출토품을 들 수 있는데, 부여 출토품은 유리제품을 녹이는데 사용한 것이 포함되어 있다. ⅠB형식은 일본 나라 비조지飛鳥池에서도[281] 비슷한 형식의 도가니가 수습된 바 있다. ⅠC형식은 부여 관북리 추정왕궁지에서 수습되었는데, 도가니의 몸체와 뚜껑에 '관'

279 김종만, 1994,「부여지방출토 도가니」『고고학지』제6집, 한국고고미술연구소, pp.109~122.

280 朝鮮總督府, 1925,『樂浪郡時代ノ遺蹟』, 도판 1224 참조.

281 奈良國立文化財硏究所, 1992,『飛鳥池遺蹟の調査-飛鳥寺1991-1次調査』.

官명이 압인되어 있어 공방작업이 관청의 통제하에 이루어진 것을 알 수 있다.

ⅡA형식은 부여·익산의 공방지에서 발견되고 있다. 부여 관북리 추정왕궁지·익산 왕궁리유적에서 수습되고 있으며 금을 녹였던 것으로 분석결과 확인되었다.[282] ⅡB형식은 부여 부소산성·부소산폐사지·쌍북리·전 이궁지·궁남지·구아리 정지, 익산 미륵사지·왕궁리 등에서 수습되고 있다. 익산 미륵사지출토품은 유리를 녹였던 것으로 뚜껑이 있다. ⅡB형식은 일본 비조지에서도 흡사한 것이 확인되고 있어 일본 비조문화와의 관계 규명은 물론 우리나라 도가니 변천사를 살펴볼 수 있는 자료이다. ⅡC형식은 부여 관북리 추정왕궁지출토품이 있다.

Ⅲ형식은 부여 관북리 추정왕궁지에서 1점이 수습되었다. 이 형식은 전문용으로 만든 것이 아니고 심발형토기를 이용하여 철을 녹인 것으로 보인다.

---

282 국립부여문화재연구소, 2006, 『王宮里』.

제7장

국제성과 개방성

백제토기는 주변국과의 부단한 교류를 통해 탄생한 것이며 개방적이면서 국제적인 감각 속에서 변화와 발전을 거듭하였다. 백제인의 토기 생산에 대한 열망은 도자기나 금속품과 같은 귀중품을 제작하는 열정으로 정성들여 만들었으며 비록 중국도자기와 동일한 도자기의 생산은 이루어지지 않았지만 사비시기에는 칠용기, 녹유기綠釉器의 탄생을 보았다. 백제토기는 흙을 다루고 총괄했던 외박사와 같은 박사제도 하에서 더욱 기술적인 진보가 이루어졌으며 주변국에 토기제작기술을 전파하는 선진국으로 도약하였다.

1 중국과 백제토기와의 관계

백제는 중국과 원만한 교류를 통하여 많은 문물을 수용하고 있다. 백제는 한성 I 기부터 중국과 활발한 문화교류를 펼쳐서 동·서진대의 도자기·금속품이 풍납토성과 몽촌토성에서 확인되고 있다.[283]

한성 I 기에 새로 등장하는 백제토기는 낙랑을 포함한 중국의 제품에 큰 영향을 받은 듯 하다. 광구단경호, 직구단경호 등은 낙랑토기, 중국 동북지방의 토기를 모방한 것으로 알려지고 있다. 백제토기 성립기에 나타나고 있는 중국 전문도기, 시유도기는 백제토기 제작에 많은 영향을 주었을 것이다. 한성Ⅱ기는 흑색마연토기의 범주에 드는 직구단경호, 고배 등은 칠기의 영향을 받아 만들어졌을 가능성이 제기된 바 있다.[284] 몽촌토성에서 중국의 도자기가 확인되고 있는 것은 백제토기 제작에 지속적으로 영향을 주고 있음을 의미한다. 또한 한성Ⅱ기의 말경에는 천안 용원리고분군, 공주 수촌리고분군에서 발견된 흑갈유계수호가 백제지역내에 확산되는 시기이기도 한데, 금강이북지방에 한정되고 있다. 한성Ⅲ기는 천안 용원리고분군의 중국 청자류 중 소완이 해당된다.[285] 이 시기 말경에 청자사이부호가 금강이남 지역인 익산 입점리 1호분에서 발견되고 있다.

웅진시기는 Ⅰ기보다 Ⅱ기에 들어와 중국과 활발하게 문화교류를 실시한다. 웅진Ⅱ기의 대표적인 유적인 무령왕릉에서는 중국도자기만 부장된 점에서 백제 중앙정부의 중국도자기에 대한 선호도가 얼마만큼이었는지를 느껴볼 수 있다. 무령왕릉에서 발견된 중국 청자류는 양대梁代에 만들어진 최고의 제품으로 알려지고 있다.[286] 그리고 동제완도 무령왕릉의 부장품으로 확인되고 있는데, 공주 공산성에서 확인

---

283 權五榮, 2002,「百濟의 對中交涉의 전개와 그 성격 」『古代 東亞細亞와 三韓·三國의 交涉』, 복천박물관, pp.1~18.

284 朴淳發, 1999,「漢城百濟의 對外關係」『百濟研究』30집, 충남대학교백제연구소, pp.29~48.

285 朴淳發, 2005,「공주 수촌리고분군출토 중국자기와 교차연대 문제」『4~5세기 금강유역의 백제문화와 공주 수촌리 유적』, 충청남도역사문화원 제5회 정기심포지엄, pp.55~83.

286 齊東方, 2001,「百濟武寧王墓와 南朝梁墓」『무령왕릉과 동아세아문화』, 국립부여문화재연구소·국립공주박물관, pp.93~119.

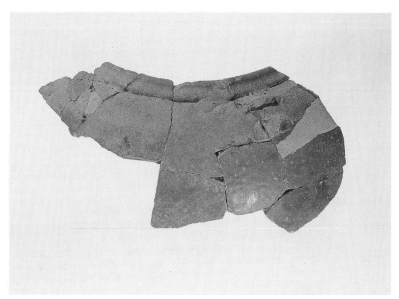

사진 111. 시유도기(풍납토성)

사진 112. 전문도기(몽촌토성)

사진 113. 중국 청자(서울 석촌동)

사진 114. 중국 청자[천안 화성리(위) · 전 부여 충화(아래 왼
쪽) · 원주 법천리(아래 오른쪽)]

사진 115. 중국 청차(익산 입점리)

사진 116. 중국 청자호자(전 개성)

사진 117. 중국 청자(공주 수촌리)

사진 118. 중국 흑유자기(공주 수촌리)

사진 119. 중국 청자(천안 용원리)

사진 120. 중국 흑유자기(공주 수촌리)

된 완(국립공주박물관 소장품 1605 · 1606)은 무령왕릉 동제완의 모방
품으로 보인다. 공주 공산성 연지에서 확인된 토제벼루도 중국 청자
벼루의 영향으로 만들어진 것으로 생각된다.

사비 I 기는 웅진 II 기와 마찬가지로 중국의 남조와 긴밀하게 교류
를 하였다. 부여로 천도하기 직전에 성왕이 양나라에 공장工匠 · 화사
畵師를 요청하고 있는 것은[287] 백제가 북조보다는 남조의 문화를 적극
적으로 받아들인 것을 의미한다. 성왕이 전사하고 위덕왕이 집권하게

사진 121. 중국 청자(전 청주)

사진 122. 중국 도자기(공주 무령왕릉)

---

287 『三國史記』26, 聖王 19年. 이때 중국에서 사비도성의 완성에 필요한 建築 등 여러 기초 화보집이 들어온 것으로 생각된다.(金鍾萬, 2003,「扶餘 陵山里寺址出土 遺物의 國際的 性格」『백제금동대향로와 고대동아시아』, 백제금동대향로발굴 10주년기념 국제학술심포지엄, pp.64~77)

사진 123. 중국 청자　　사진 124. 중국 흑유자기(부여 부소산성)
(부여 능사 하층)

사진 125. 중국 백자(부여 전 이궁지)

되면서 북조와 많은 교류를 실시하고 있다. 특히 중국의 북제, 진, 북
주, 수와의 교류는 백제 중앙정부가 중국과의 교류를 새롭게 전개하고
있다는 것을 말해 주는 것이다. 이러한 것은 중국의 사서나[288] 『삼국사
기』를 통하여 잘 알 수 있으며 고고학적인 상황으로도 확인되고 있다.
한편 칠토기도 사비 I 기에 등장하고 있는데, 이는 흑색와기가 갖는 미
비함을 보충하고 목기나 중국제 동기의 제작기법을 수용하는[289] 과정
에서 나타난 것으로 추측된다.

---

288 俞元載, 1993, 『中國正史 百濟傳 硏究』, 학연문화사.

부여 정림사지출토 도용陶俑,[290] 부여 능사에서 확인된 금동대향로
의 형태·문양요소 및 심초석 주변출토 소조불두는 중국 남조보다는
북조의 영향을 많이 반영하고 있다.[291] 그리고 백제의 수막새도 중국
북조 문화의 영향을 받아 판단 첨형尖形에서 판단 삼각반전돌기형三角
反轉突起形으로 바뀌었다.[292] 또한 전 부여 충화출토품으로 전하는 청자
벼루[青磁硯],[293] 부여 능사의 대지 조성토 하부에서 발견된 첩화문도자
기편[294]·청자벼루편[295] 등은 백제 벼루 제작에 많은 영향을 주었을
것이다. 또한 부여 동남리사지에서 발견된 청자완의 바닥은 회색토기
중 정병淨瓶의 바닥과 비슷한 것으로 생각된다. 부여 정림사지 강당지
주변에서 수습된 중국도자기편은 무령왕릉 등에서 발견된 육이부호
와 비슷한 것으로 추측되는 바, 이들을 통하여 사비Ⅰ기 중국도자기
의 수입을 살펴볼 수 있다. 무령왕릉출토 동제완, 그리고 영녕사출토
토제완은[296] 부여 정암리요지 출토 완을 거쳐 부여 관북리 추정왕궁지

---

289 金鍾萬, 2000, 앞의 논문.
     朝日新聞社, 2002, 『飛鳥·藤原京展』, p.154의 圖版 124의 漆土器도 金屬品을
     모방하여 나타난 것으로 추측된다.

290 尹武炳, 1980, 『定林寺』, 충남대학교박물관.

291 박산의 형태는 漢代 이래의 기형이지만 금동대향로에 나타난 문양요소는 北魏
     때 조성된 운강석굴 10호굴 외관에 잘 나타나 있다(溫玉成著 裵珍達譯, 1996,
     『中國石窟과 文化藝術』, 경인문화사, p.40의 사진 47). 부여 능사 목탑지 심초석
     주변에서 수습된 佛頭는 낙양에 있는 영녕사출토 불두와 흡사하다.(中國社會科
     學院考古研究所, 1996, 『北魏洛陽永寧寺』, 中國大百科全書出版社, 彩板 11의 1)

292 金鍾萬, 2000, 「扶餘陵山里寺址出土瓦當文樣의 形式と 年代觀」『帝塚山大學考古
     學研究所研究報告Ⅱ』, 帝塚山大學考古學研究所, pp.27~46.

293 金姸秀, 1994, 「傳 扶餘 發見 中國靑磁벼루에 대하여」『考古學誌』제6집, 한국고
     고미술연구소, pp.97~106.

294 國立扶餘博物館, 2000, 『陵寺』.

295 金鍾萬, 2003, 앞의 논문.

296 中國社會科學院考古研究所, 1996, 앞의 보고서, 圖版 119의 1.

출토 회색토기 완의 출현에 직접적인 영향을 준 것으로 생각된다.

　사비Ⅱ기까지는 남조의 문화도 꾸준히 확인되고 있어 창왕명석조
사리감에는 북조풍뿐만이 아니라 남조풍의 글씨가 포함되어 있기도
하다.[297] 부여 쌍북리에서 발견된 오수전과[298] 부소산성에서 수습된
원형의 금동투조광배는[299] 백제가 수나라와 통교한 사실을 입증해주
고 있다.

　사비Ⅱ기의 백제토기는 중국의 도자기[300] · 동기 등을 모방하고 방
제하는 과정을 통하여 기종이 추가되고 있다. 사비Ⅲ기는 중국이 당
나라로 교체되면서 사택지적당탑비의 글씨풍이라던가 부여 전 이궁
지출토 백자연, 부소산성출토 각종 도자기와 개원통보 등 당나라문화
가 그대로 수입되고 있다.[301] 부소산성에서 수습된 이부호耳附壺와 완
등의 흑유제품들은 당과 관련되어 나타난 유물이다.[302]

297　李成美, 1998,「百濟時代 書畵의 對外交涉」『百濟美術의 對外交涉』, 예경,
　　　pp.169~204.

298　齋藤忠, 1973,「扶餘發見の壺の一型式」『新羅文化論攷』, 吉川弘文館,
　　　pp.346~348.

299　國立扶餘文化財研究所, 1995,『扶蘇山城』, 부소산성에서 나온 금동투조장식은
　　　中國 隋代 佛像光背에 널리 이용된 연꽃무늬와 인동당초무늬이며 청자접시에도
　　　흡사한 문양이 나타나고 있다.(小學館, 1976,『世界陶磁全集』11, 圖版 4.)

300　安承周, 1998,「百濟土器의 對中國 交涉」『百濟美術의 對外交涉』, 예경,
　　　pp.235~261.

301　國立扶餘文化財研究所, 1995, 앞의 보고서. 도판 171.
　　　金鍾萬, 2003,「泗沘時代 扶餘地方出土 外來系遺物의 性格」『湖西地方史 研究』,
　　　경인문화사, pp.69~92.
　　　당나라 문화의 활발한 유입은 무왕의 적극적인 대당외교가 벌인 결과일 가능성
　　　이 높다(金壽泰, 1991,「百濟의 滅亡과 唐」『百濟研究』22집, 충남대학교 백제연구
　　　소, pp.149~176.) 한편 중국 사서의 기록대로 백제지역에 중국인이 살았다고
　　　한다면 중국 문물의 발견지역을 통하여 당시 그들이 거주했던 지역이라던가 활
　　　동범위를 알아낼 수 있을 것이라고 생각된다.

302　尹龍二, 1987,「百濟遺蹟 發見의 中國陶磁」『馬韓 · 百濟文化研究의 成果와 課

그리고 부여 능사 강당지 서측건물지 공방지2에서 수습된 녹유기 편에 나타나고 있는 이중원무늬 인문印文은 중국 수대에서 당대 도자기에[303] 이르기까지 유행했던 도장문양으로 중국도자기의 수용에 의해 나타난 것으로 보인다. 그리고 익산지방에서 확인되고 있는 중국 도자기도 사비시기 백제토기 발전에 영향을 주었을 것으로 생각된다.

부여지방을 비롯한 사지에서 근래 발견 예가 늘어나고 있는 장경 병은 중국 수병의 영향으로[304] 나타난 것이며, 부여 군수리출토 호자는 중국의 청자호자를 토기로 옮긴 것인데 이 과정에서 백제화가 추구되어 딱딱함이 없어지고 굴곡이나 표현이 유연해지고 있음을 알 수 있다.

2 고구려와 백제토기와의 관계

백제는 고구려와 풍습이 비슷한 것으로 기록되고 있지만 오랫동안 영토전쟁에 따른 정치적인 쟁점으로 인하여 문화교류가 잘 실시되지 않았던 것으로 보인다. 한성시기는 한강을 중심으로 대치하고 있었지만 백제토기에 나타난 영향은 매우 미미하다. 웅진시기는 지속적으로 고구려가 금강유역의 주변에 이르기까지 영역을 확장하고 있지만 한성시기와 비슷한 상황이다.

題」, 원광대학교 마한 · 백제문화연구소, pp123~127.

303 小學館, 1976, 앞의 도록, p.122의 도판 101.

304 李蘭暎, 1978, 「韓國古代의 金屬瓶」『美術資料』23호, 국립중앙박물관, pp.15~30.
徐聲勳, 1980, 「百濟의 土器瓶 考察」『百濟文化』13집, 공주대학교백제문화연구소, pp.27~36.

사진 126. 호자(부여지방)

사비시기는 고구려의 영역확장을 저지시키기 위하여 신라, 가야와 동맹을 맺어 대처하였다. 고구려의 세력은 온양-천안-청주지역을[305] 중심으로 백제와 대치하였던 것으로 알려지고 있다. 또한 금강유역의 청원, 대전 등지에서 고구려계 유물이 확인되고 있어 향후 고구려문화 영향권 혹은 고구려 세력권에 대한 새로운 자료를 제시하고 있다.[306]

사비 I 기~II 기 고구려문화의 영향은 정치구조뿐만이 아니라 유적과 유물을 통해 나타나고 있다.[307] 부여 동나성의 동문지 부근과 부소산성에는 고구려에서 석축을 쌓을 때 많이 사용된 들여쌓기기법이 보인다.[308] 부여 능사의 강당지는 온돌구조를 갖추고 있는데, 만주 집안에 있는 동대자유적 및 평양에 있는 정릉사에 나타난 온돌구조와 흡사하여 건물의 성격과 더불어 중요시되고 있다.[309] 그리고 부여 백제

---

305 朴賢淑, 1998,「百濟 泗沘時代의 地方統治와 領域」『百濟의 地方統治』, 학연문화사, pp.169~215.

306 朴淳發·李亨源, 1999,「대전 월평동 즐문토기 및 고구려토기 산포유적」『湖西考古學』창간호, 호서고고학회, pp.243~254.
     차용걸·박중균·한선경·박은연, 2004, 『淸原 南城谷 高句麗遺蹟』, 충북대학교박물관.

307 秦弘燮, 1973,『三國時代 高句麗美術이 百濟·新羅에 끼친 影響에 관한 硏究』.

308 尹武炳, 1993,「高句麗와 百濟의 城郭」『百濟史의 比較硏究』, 충남대학교백제연구소, pp.7~18.

309 金鍾萬, 2000,「扶餘 陵山里寺址에 대한 小考」『新羅文化』17·18합집, 동국대학교신라문화연구소, pp.55~83.

사진 127. 부여 동나성 동문지 부근 석축의 들여쌓기

왕릉군인 능산리고분군의 1호분[東下塚]은 사신도 벽화와 연도의 구조
또한 고구려 후기고분에 나타나는 것과 흡사하다. [310]

　고구려 문화의 영향으로 나타난 유물은 수막새와 암문토기 · 호
자 · 연가를 들 수 있다. [311] 고구려계통의 수막새는 부여 용정리사지 ·
쌍북리에서 발견되었다. 이 수막새와 동형[同型]이 고구려에 있는 것이
아니고, 문양요소 또는 제작기법이 고구려에 근접하고 있는 것으로
판단된다. 또한 암문토기는 현재로서는 부여지방(궁남지 · 나성 · 송국

---

310 金元龍, 1986,『韓國考古學槪說』, 일지사.

311 金容民, 1998,「泗沘時代 百濟土器 硏究-扶蘇山城出土品을 中心으로」『文化財』
　　31, 문화재관리국, pp.45~60.
　　金鍾萬, 2003, 앞의 논문.
　　金圭東, 2003,「百濟 土製 煙筒 試論」『科技考古硏究』8호, 아주대학교박물관,
　　pp.51~68.

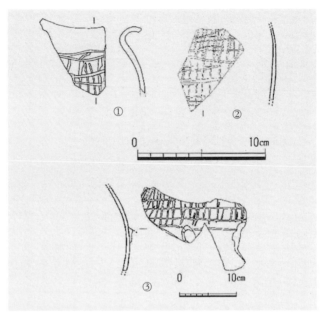

그림 19. 암문토기 실측도(①·②부여 궁남지, ③부여 송국리)

리·능사)에서만 확인되고 있으며 암문이 정형화된 것이 아니어서 고구려에서 직접 제작되어 운반된 것이 아닌 것으로 추측되며 백제로 이주한 고구려 사람에 의해 제작되었거나 백제 도공에게 의뢰하여 만든 현지제작품이라고 추정된다. 6세기경 부여지방에 널리 사용되고 있었던 흑색와기를 응용하여 암문토기를 만들었을 수도 있다.

사비시기 Ⅱ형식 호자는 부여 부소산성·능사에서 확인되고 있는데, 고구려에서는 6세기 후반경에 출현하는 것이다.[312] 한편 사비Ⅱ기

---

[312] 耿鐵華·林至德, 1984,「高句麗陶器的初步研究」『文物』84-1, 文物出版社, pp.55~63.
崔鍾澤, 2000,「高句麗土器의 形成과 變遷」『韓國古代文化의 變遷과 交涉』, 서경문화사, pp.239~281.

에 최고급토기로 등장하고 있는 회색토기를 고구려 토기의 영향으로 보는 연구논문도[313] 있으나 사실 회색토기는 중국과 관련하여 나타난 토기로 보는 것이 합리적이지 않을까 한다.

3 가야 · 신라와 백제토기와의 관계

백제는 가야와 신라보다 선진적인 입장에서 문화교류를 하였다. 백제는 신라보다 가야와 먼저 한성시기 부터 문화교류를 하였던 것이 고고학적으로 증명되고 있다. 최근에 풍납토성 경당지구에서 가야 유물로 볼 수 있는 대각편과 뚜껑편이 확인되었다. 대각편은 일단장방형투공 고배대각이며, 뚜껑편은 다치구로 점열문이 있는 것으로 모두 서부경남산일 가능성이 지적되고 있다.[314] 한성Ⅱ기의 천안 두정동 Ⅰ지구 5호 토광묘,[315] 한성Ⅲ기~웅진Ⅰ기의 청주 신봉동 90B-1호 고분의 가야계유물이 확인된 것은[316] 이른 시기부터 가야와의 문화교류를 의미한다. 백제는 한성Ⅲ기 이후 지속적으로 고구려에 대항하기 위해 신라와 동맹을 맺는다. 가야와도 신라와의 관계를 고려하여 신축적인 관계를 모색하였다. 특히 섬진강 이서지방인 광양, 여수, 해남지방에 이르기까지 함안지방의 가야식 고배가 등장하고 있는 것은 양 지역의 교류 또는 교역에 의한 증거물들이다.

웅진시기에는 이러한 관계로 말미암아 가야 · 신라토기가 백제지방

---

313 金容民, 1999, 앞의 논문.
314 권오영, 2002, 앞의 논문, pp.32~33.
315 이남석 · 서정석, 2000,『斗井洞遺蹟』, 공주대학교박물관, PP.381~384.
316 신종환, 1996,「청주 신봉동출토유물의 외래적 요소에 관한 일고-90b-1호분을 중심으로-」『영남고고학』18, 영남고고학회, pp.87~108.

에 유입되는 계기가 되어 청주 신봉동A-27호 고분, 공주 정지산, 광주 명화동고분, 고창 석교리·봉덕 방형추정분 남쪽주구, 금산 창평리고분 등에서 기대, 고배, 호, 뚜껑 등 가야계 유물이 확인되고 있다. 그리고 백제의 고유기종인 삼족토기가 합천 창리 A 제80-e호분에서 발견되어 가야에서도 백제토기의 제작기술을 수용하고 있음을 알 수 있다.

사비시기 백제가 가야와 신라와의 경계선을 이루던 동쪽 한계는 금강의 상류지역과 남쪽의 섬진강·남강유역을 거론할 수 있으며, 가야가 멸망한 이후에는 합천지역을 포함한 가야고지로 확장되고 있다. 사비시기의 동쪽 한계는 정치적 상황에 따라 이동이 이루어지고 있었는데, 동쪽 한계를 이루는 지역 중에서도 금강의 안쪽인 금산지역에서는 6세기 중후엽 경 가야·신라의 유적·유물이 강하게 나타나고 있어 백제의 영토가 축소된 적이 있으며 그것은 대전 인근의 주산리에서도 확인되고 있다.[317] 남원을 포함한 호남 동부지방은 사비시기 이전에는 백제토기보다는 가야문물이 집중적으로 발견되고 있는 지역이어서[318] 백제의 영역에서 제외된 적이 있다.

가야지방에는 사비시기를 전후하여 백제의 영향을 받아 축조된 고분과 유물이 합천 등지에서 그 요소가 확인되며,[319] 고배에 나타난 원공, 개배, 삼족토기, 병 등은 백제토기의 요소가 전파되어 나타난 것

---

317 尹武炳, 1978,「注山里古墳群」『대청댐수몰지구발굴조사보고-충청남도편』, 충남대학교박물관.
318 郭長根, 1999,『湖南 東部地域 石槨墓 研究』, 서경문화사.
319 趙榮濟, 1996,「玉田古墳의 編年研究」『嶺南考古學』18, 嶺南考古學會, pp.41~73.
洪濬植, 1998,「百濟 橫穴式石室墓의 型式分類와 對外傳播에 관한 研究」『博物館研究論集』2, 부산박물관, pp.79~147 및「백제와 가야의 교섭」『百濟文化』27집, 공주대학교백제문화연구소, pp.241~269.

사진 128. 백제지역출토 가야·신라토기(①·②풍납토성, ③진안 월계리 황산고분군, ④청주 신봉동 A-27호분, ⑤부여지방)

으로 이해하고 있다.[320] 한편 가야계 토기가 부여의 염창리고분군 Ⅲ 구역 81호, 석성 및 규암에서 확인되고 있는데, 이러한 현상은 6세기 중엽을 전후한 시점에 가야와의 교류에 의해 나타나는 것이거나 가야 멸망 후 가야인이 백제로 들어와 살면서 만들어 사용한 것이 아닌가 한다.[321]

사비시기 신라와의 접경은 6세기 중엽경 영토전쟁에 의해 경계선이 자주 변경되고 있다. 신라의 단각고배는[322] 당시 백제와의 국경선을 알려주는 고고학적 자료이다. 무왕 후반기부터는 신라에 대한 적극적인 영토공격으로 바뀌면서 의자왕 2년에는 신라를 쳐서 40여성을 빼앗고 합천에 있는 대야성을 함락시키는 등 신라에 빼앗겼던 가야고지를 수복하여 신라사회를 어지럽게 하기도 하였다.[323]

사비시기 신라와의 관계는 한강유역과 가야고지에 대한 영토전쟁으로 말미암아 원만하지 못한 관계였지만 문화적인 면에 있어서는 황룡사와 같은 건축물 공사 등에 백제 공인을 초청하고 있어 정치적인 것과는 무관하게 진행된 것도 있다. 신라토기 중 고배, 장경호 등에 나타나고 있는 이중원무늬 인문印文은 중국에서는 수~당대 도자기 표

320 우지남, 1987, 「대가야고분의 편년-토기를 중심으로-」『삼불김원룡교수정년퇴임기념논총』Ⅰ, 고고학편, pp.617~652.
　崔鍾圭, 1992, 앞의 논문, pp.65~80.
　李尙律, 1998, 「新羅, 伽倻 文化圈에서 본 百濟의 馬具」『百濟文化』27집, 공주대학교백제문화연구소, pp.209~239.
321 가야토기가 백제와 가야의 경계지점에서 시기별로 나타나고 있으나 사비시기에 들어와 그러한 요소를 백제인이 차용하여 일반적으로 통용한 것으로는 보이지 않는다.(李南奭·徐程錫·李賢淑·金美先, 2003, 『塩倉里古墳群』.)
322 金鍾萬, 1990, 「短脚高杯의 歷史性에 대한 硏究」, 충남대학교석사학위논문.
323 盧重國, 1988, 『百濟政治史研究』, 일조각, pp.203~207.
　金壽泰, 1992, 「百濟 義慈王代의 太子冊封」『百濟研究』23집, 충남대학교백제연구소, pp.143~169.

면에 나타나고 있는 것으로 그 연원이 중요시되고 있다. 신라토기에
나타난 이중원무늬 인문은 중국에서 직접 수용하였을 수도 있지만 백
제를 거쳐 신라로 유입되었을 가능성도 매우 높다고 추측된다. 그 이
유는 이중원무늬가 시문된 녹유기가 부여 능산리사지 강당지 서측건
물지 공방지2에서 발견되고 있기 때문이다.[324] 한편 신라 흑색와기를
소성하는 방법 중에 중첩하여 놓고 소성하는 것이 있는데, 이는 백제
의 토기제작기술이 신라토기 제작방법에 영향을 준 것으로 인식하고
있다.[325]

그리고 공방도구중 하나인 끝이 뾰족한 도가니가 신라지방에서 나
타나고 있는 것도 백제 도가니의 영향으로 보고 싶다.[326] 도성 내부인
부여 군수리 주변에서 확인된 신라계 토기의 존재는 신라와의 문화교
류에 의해 나타난 것일 수도 있지만 현지에서 제작되었을 가능성도
배제할 수 없다.[327]

신라와 가야지역에서 백제토기의 영향을 받은 제품이 발견되고 있
는 것은 문화적인 영향보다는 대부분 영역확장에 따른 부산물로서 나
타나고 있다. 시기가 내려갈수록 그 양이 줄어들고 있는데, 그것은 가
야를 멸망시킨 신라의 문화정책의 강도가 높았음을 말해주는 것이 아

---

324 백제토기에 원무늬 印文이 나타나기 시작한 것은 한성시기부터이며 이러한 것
    은 중국 문화와의 지속적인 교류관계를 나타내주는 것으로 생각되는 것이다.
    (몽촌토성발굴조사단, 1985,앞의 보고서 및 김원룡 · 임효재 · 박순발, 1988,『몽
    촌토성』, 서울대학교박물관.)

325 崔鍾圭, 1992, 앞의 논문.
    金鍾萬, 1995, 「百濟黑色瓦器考」『韓國史의理解-重山鄭德基博士華甲紀念韓國史
    學論叢』, 경인문화사, pp.175~207.

326 金鍾萬, 1994, 「부여지방출토 도가니」『考古學誌』6집, 한국고고미술연구소,
    pp.109~122.

327 金鍾萬, 1995, 「泗沘時代 扶餘地方出土 外來系 遺物의 性格」『湖西地方史研究-湖
    雲崔槿默敎授定季記念論叢』, 경인문화사, pp69~92.

닌가 한다. 가야고지에서 562년 이후 가야토기의 생산이 퇴보하고 토기양식이 신라화하고 있는 것은[328] 이를 잘 대변해 주고 있다고 생각된다. 그리고 백제지역 내부에서 가야·신라계 토기가 확인되고 있는 것은 백제문화의 영향이 일방적이지 않고 쌍방교류이었음을 말해주는 것으로 보인다.

4 일본과 백제토기와의 관계

일본의 구주지방과 근기近畿지방에는 마한~백제의 영향을 받은 토기류가 확인되고, 백제고지에도 스에끼계 토기류가 발견되고 있어 이른 시기부터 지속적으로 교류가 있었음을 알 수 있다. 일본 구주지방의 서신정유적西新町遺蹟에서 수습된 양이부호, 시루, 이중구연토기는 백제고지에서 확인된 것과 혼동될 정도로 흡사하다.

일본 천엽시 대삼大森 제2유적에서 확인된 심발형토기는 백제 심발형토기의 영향에 의해 나타나고, 한성Ⅲ기에도 이 지역출토 토기류가 지속적으로 백제토기의 영향을 받은 것으로 알려지고 있다.[329] 또한 일본 삼중현 대총大塚 C1호분에서 발견된 병은 서울 몽촌토성 1호주거지 출토 병과 유사성이 인정된다.[330] 일본 근기近畿지방에서 확인되고 있는 조족문토기에 대하여 5세기경 백제에서 이입된 한식계토기韓式系土器로 보고 있다.[331] 그리고 일본 사가현 야전野田유적에서 발견된 삼

---

328 洪潽植, 2003, 『新羅後期 古墳文化 硏究』, 춘추각, pp.310~324.

329 酒井淸治, 1985, 「千葉市大森第2遺跡出土の百濟土器」『古文化談叢』15, 九州古文化硏究會.

330 滋賀縣立安土城考古博物館, 1996, 「近江·河內·大和の渡來人」『いにしえの渡りびと近江の渡來文化』, 資-39.

사진 129. 백제지역출토 스에끼계 토기(①고창 장곡, ②청주 신봉동 90B-1호분, ③청주 신봉동, ④영암 만수리, ⑤광주 월계동 1호분, ⑥전 부안계화도)

족토기는 한성Ⅲ기의 것과 비교할 수 있다.[332] 또한 일본의 도읍陶邑요지 조사 결과 5세기 토기제작기술의 도입이후 만들어진 개배가 백제계통의 영향을 가장 많이 받아 만들어졌다고 알려진 사실에서[333] 백제토기의 영향이 매우 컸음을 알 수 있다.

일본 나라 신택천총新澤千塚281호분에서 수습한 병은 몽촌토성 발견품과 유사하다.[334] 대진시大津市에 있는 대벽건물은 웅진Ⅱ기의 공주 정지산 대벽건물과 비교할 수 있고, 동 지역의 태고총太鼓塚고분군출토 병은 논산 모촌리 92-15호분출토 병과 관련이 깊다.

사비시기에 들어와 일본에 문화를 전한 것은 부여로 천도한 538년 성왕의 불교전파이며, 위덕왕 집권 이후에 577·588년 대대적으로 백제공인을 파견하여 일본 비조문화의 완성에 적극적으로 참여하고 있다. 588년 창건된 비조사飛鳥寺에 이용된 와당의 형식이 사비시기 연화문와당에 원류가 있다고 하는 것은 이를 잘 대변해 주고 있다.[335]

664년 축조되기 시작하는 일본 구주지방의 수성水城유적에서 성을 쌓을 때 이용된 부엽공법敷葉工法,散草法과 더불어 내부의 시설물 배치가 부여지방의 나성을 모델로 하였다는 점에서 백제문화의 일본 전파가 얼마나 크게 작용하고 있었나를 살펴볼 수 있는 중요한 자료이다.[336]

---

331 田中淸美, 1994,「鳥足文タタキと百濟系土器」『韓式系土器研究Ⅴ』, 韓式系土器研究會.

332 飛鳥資料館, 1991,『飛鳥の源流』, p37.

333 尹武炳, 1979, 앞의 논문, pp.5~85.

334 滋賀縣立安土城考古博物館, 1996,「近江・河內・大和の渡來人」『いにしえの渡りびと近江の渡來文化』, p.67.

335 龜田修一, 1981,「百濟古瓦考」『百濟研究』제12집, 충남대학교백제연구소.
金鍾萬, 2002,「泗沘時代 瓦에 나타난 社會相 小考」『國立公州博物館紀要』2집, 국립공주박물관, pp.49~72.
朝日新聞社, 2002, 앞의 책, p.28.

336 國立公州博物館, 2002,『日本所在 百濟文化財 調査報告書Ⅲ-近畿地方-』,

사진 130. 부여 동나성 부엽공법

사진 131. 화장장골용기(부여지방)

　사비시기에 만들어진 토기 중 일본에 영향을 주었다고 생각되는 것 중에는 화장장골용기, 도가니 등을 들 수 있다. 화장장골용기는 특이하게도 사비 II 기~III기 부여지방을 중심으로 성행한 양식인데, 화장장골용기에 이용된 유개호는 일본 나라시대에 구주지방을 중심으로 유행하고 있어 상호 관련성이 지적되고 있다.[337] 그리고 사비시기 백제토기 중에 공방도구로 사용된 도가니는 일본 비조지飛鳥池에서 다량 검출되어[338] 백제문화의 일본 전파에 관한 연구에 많은 도움이 되고 있다. 또한 새로 밝혀진 회색토기 제작에 이용된 구절기법球切技法도 일본의 풍선기법風船技法과 관련하여 적지 않은 영향을 주었을 것으로

---

　　pp.106~108.
337 小田富士雄, 1986, 「日韓火葬墓の出現」『古文化談叢』16集, 九州古文化硏究會, pp.241~260.
　　金鍾萬, 1999, 「화장묘의 유행」『백제』, 국립중앙박물관, p.194.
338 奈良國立文化財硏究所, 1992, 『飛鳥池遺蹟の調査, 1991-1次調査』.

짐작된다. 그리고 사비시기 흑색와기 바닥을 자를 때 사용한 실끈을 이용한 기법도 일본의 토기제작에 영향을 주었던 것으로 생각된다.

최근 일본 스에끼(계) 토기들이 백제지방은 물론 가야지방에서 확인되고 있다. 왜계 유물이 한반도에 들어오는 계기에 대하여는 앞으로 지속적인 연구가 필요하며 연대는 대체로 4세기~6세기전반이라고 알려지고 있다.[339] 백제지역에서 왜계토기는 하지끼[土師器]와 스에끼가 있다. 왜계토기는 한강, 금강, 영산강 등 큰 강을 중심으로 고분유적, 생활유적, 제사유적에서 수습되고 있다.

백제지역에서 발견된 하지끼는 고창 장곡리 적색호赤色壺와 청주 신봉동 90B-1호묘의 토기편이 알려져 있다. 그리고 풍납토성 경당지구 상층에서 출토한 돌대가 있는 토기편은 일본 기내畿內에서 발견되고 있는 직륜계埴輪系로서 백제토기에 없는 기형이다.[340] 또한 광주 월계동·명화동, 나주 덕산리고분 등에서는 분주토기가 확인되어 일본 직륜토기와의 관련성이 지적되고 있다.[341] 군산 여방리 82호분 출토 화덕형토기는 일본 토기와 관련이 깊은 것이다.

백제지역의 스에끼는 개배, 고배, 분주토기, 유공호, 유공횡병, 자라병, 단경호 등이 알려지고 있다. 백제지역 발견품 중 가장 시기적으로 빠른 것이 몽촌토성 3호 저장혈에서 수습된 개배가 있다.[342] 공주

---

339 酒井淸治, 1993,「韓國出土の須惠器類似品」『古文化談叢』30집, 九州古文化硏究
會, pp.899~913.
木下 亘, 2003,「韓半島出土 須惠器(系) 土器에 대하여」『百濟硏究』37집, 충남대
학교백제연구소, pp.21~36.
340 권오영, 2002,「풍납토성 출토 외래유물에 대한 검토」『百濟硏究』36집, 충남대학
교백제연구소, pp.32~33.
341 서현주, 2004,「4~6세기 백제지역과 일본 열도의 관계」『호서고고학』11집, 호서
고고학회.
342 몽촌토성발굴조사단, 1985, 앞의 보고서, p.239의 도면 60-①.

정지산의 개배[343], 유공호(4호 타원형수혈)와 공주 금학동 20호 고분에서 수습한 개배가[344] 스에끼계로 알려지고 있다. 사비시기의 유적에서 수습된 스에끼계 토기는 부여 관북리 추정왕궁지 연지 · 궁남지 · 정동리 12호분에서도 확인되고 있으나,[345] 백제토기에 어떻게 영향을 주고 있는지는 자료의 증가를 기다려 보아야 한다. 사비시기에 주변국인 중국 · 왜 · 신라 · 고구려인이 함께 살고 있었다는 『隋書』 · 『舊唐書』 등 중국사서의 기록은 주목할 만하다.

---

343 공주 정지산 퇴적층 하층에서 확인된 개배 중에는 청양 학암리요지의 폐기장에서 수습된 배편(동 보고서 도면 169-⑦)과 흡사해서 앞으로 스에끼계 개배의 연구에 검토를 요한다.

344 유기정 · 양미옥, 2002, 『공주 금학동고분군』, 충청매장문화재연구원, p.133 도면 53-1.

345 國立扶餘文化財研究所, 2002, 『扶餘 官北里 傳 百濟王宮址 試 · 發掘調査 說明會議資料』.
柳基正 外, 2005, 『扶餘 井洞里遺蹟』, 忠淸文化財硏究院, p336 사진 60.

제8장

맺음말

백제토기는 한강유역에서 마한의 전통적인 기종과 낙랑 등 주변국의 토기제작기술에 영향을 받아 한강유역에서 탄생했으며 금강유역에서 완성된다. 백제토기의 등장은 3세기 중후엽 경에는 이루어지고 있다. 백제토기는 전통양식을 계승한 토기류와 신기종이 합쳐져서 성립된다. 전통양식을 계승한 것으로는 호류壺類, 장란형토기長卵形土器, 심발형토기深鉢形土器, 시루[甑], 완盌 등이 있다. 이들 전통양식을 계승한 토기들은 경질무문토기와 공반하면서 발전해왔으며, 타날문 제작기법이 수용되면서 백제토기로 거듭나게 되었다. 이 전통양식과는 달리 백제가 새로 개발한 흑색마연이 있는 직구광견호, 광구단경호, 무개고배, 뚜껑 등 신기종을 만들어 점차 백제만의 특색을 나타내기 시작한다.

　　4세기말 백제는 영역확장에 따라 문화적으로 크게 신장하게 된다. 백제는 거점지역을 마련하여 정치뿐만이 아니라 문화확산의 루트를 마련하게된 것으로 보인다. 백제토기는 백제중앙정부의 영역확장과정에 따라 남부지방으로 파급된다. 백제토기의 파급은 금강유역을 포함한 이남지역에서는 정치적으로 영역을 확장하는 시기보다는 약간

씩 늦추어 이루어지고 있는데 이는 재지계 집단의 문화포용력과 관련이 깊다.

백제토기는 기종별로 분류하면 호, 장란형토기, 병, 기대, 완, 자배기, 개배, 고배, 접시, 시루, 심발형토기, 연가, 벼루, 삼족토기, 사족토기, 호자, 변기, 등잔, 전달린토기 등 약 수 십여 종의 기종이 알려지고 있으며 일상생활용기, 제사용기, 부장용기 등 다양한 용도로 사용되었다. 백제토기는 일상생활용기로 먼저 만들어지고 점차 시기가 내려가면서 제사용기, 부장용기로 용도를 넓혀간 것으로 보인다.

백제토기는 등요, 평요에서 다양한 제작기법에 의하여 만들어진다. 등요는 한성~웅진시기에는 토기만 생산하였으며, 사비시기에 이르러 와도겸업이 이루어진다. 그와 달리 평요는 사비시기에 등장하며 와도겸업으로 출발하고 있다. 백제시대 요지에서는 회청색경질토기, 흑색와기, 회색토기 등 다양한 제품을 생산하였다. 그 결과 한성시기에서 사비시기로 시기가 내려가면서 회청색경질토기 등의 기종 증가는 물론 토기제작기술의 향상으로 녹유기, 칠토기가 만들어지고, 회색토기와 같은 규격화된 최고급의 토기도 생산하게 된다. 백제토기는 분업화된 생산단지에서 다원화된 체계에 따라 공급되었다.

백제토기에 나타나고 있는 문자와 기호는 한성시기부터 사비시기에 이르기까지 다양하며, 제사 공헌용, 장인명, 규격품을 알려주는 기호, 사용방법을 알려주는 것, 행정단위, 지역, 용도 등 다양한 의미를 내포하고 있음을 알 수 있는데 영성한 백제 문헌사를 보충해줄 수 있는 기초 자료로서도 의미가 깊다. 백제토기에 나타난 문양은 두드린 것[打捺文], 새긴 것[刻文], 찍은 것[押印文]이 있고, 이 외에 토기표면에 직물을 두른 후 그 위를 두드리거나 나무 봉에 직물을 감싸 토기 표면을 문질러서 나타난 것 등 다양하게 베풀어지는 것을 알 수 있었다.

백제토기는 형식과 편년을 통해 한성시기~사비시기의 변천양상을 살펴볼 수 있었다. 백제 존속기간의 ⅔를 차지하고 있는 한성시기는 백제토기가 느리면서도 지속적으로 변화하며, 웅진·사비시기는 동아시아의 급변하는 정세에 발맞춰서 급속도로 변화하며 토기의 백제화를 완성하여 절정기를 구가한다. 백제토기는 고구려, 백제, 신라 등과 비교하면 매우 다양한 기종이 있는데 장식성이 강하지 않고 단순하면서도 색조, 유려한 선 등에서 백제인들이 보다 절제되고 간결함을 추구했음을 느낄 수 있다. 백제토기는 한성시기에서부터 사비시기에 이르기까지 일상생활용이 고분부장용보다 풍부하게 발견됨으로써 실용적인 면을 선호하였음을 알 수 있다.

백제토기는 백제문화의 국제적, 개방적인 면에 발맞추어 중국, 고구려 등 주변국과의 교류를 통하여 백제화가 이루어지고 일본에 제작기술을 전파하기도 하였다. 백제토기는 중국과의 문화교류를 통하여 괄목할만한 성장을 가져왔는데, 백제의 각종 유적에서 중국도자기가 발견되고 있는 것은 백제토기의 발전에 많은 자극을 주었을 것이다. 백제토기 중에는 고구려문화의 영향이 반영되어 나타난 기형도 있고, 신라·가야·일본지역에서는 백제토기의 영향을 받은 토기류가 발견되고 있다. 백제지역에서 확인되고 있는 외래계 유물 중에는 수입에 의한 것도 있지만 주변지역의 사람들이 백제에 들어와 살면서 방제한 유물도 포함되어 있다. 이러한 점을 통하여 백제토기는 주변 인접국과의 부단한 교류를 통하여 국제성과 개방성을 갖춘 토기로 성장하게 되었음을 알 수 있다.

:: 참고문헌

1. 기본사료

『三國史記』『三國志』『隋書』『舊唐書』『日本書紀』

2. 저서

강인구, 1977, 『백제고분연구』, 일지사.

郭長根, 1999, 『湖南 東部地域 石槨墓 硏究』, 서경문화사.

김성구, 2004, 『백제의 와전』, 주류성.

金元龍, 1986, 『韓國考古學槪說』, 일지사.

김종만, 2004, 『사비시대 백제토기 연구』, 서경문화사.

노중국, 1988, 『백제정치사연구)』, 일조각.

서현주, 2006, 『영산강유역 고분 토기 연구』, 서경문화사.

俞元載, 1993, 『中國正史 百濟傳 硏究』, 학연문화사.

李基白·李基東, 1983, 『韓國史講座(古代篇)』, 일조각.

이남석, 1995, 『백제 석실분 연구』, 학연문화사.

洪潽植, 2003, 『新羅後期 古墳文化 硏究』, 춘추각.

溫玉成著 裵珍達譯, 1996, 『中國石窟과 文化藝術』, 경인문화사.

輕部慈恩, 1946, 『百濟美術』, 寶雲舍.

田邊昭三, 1981, 『須惠器大成』, 角川書店.

齋藤忠, 1973, 『新羅文化論攷』, 吉川弘文館.

3. 논문

강원표, 2001, 「백제 삼족토기의 확산과 소멸과정 연구」, 고려대학교석사학위논
　　　문.

강인구, 1971, 「백제 도연에 대하여」『백제문화』5집, 공주대학교백제문화연구소.

강인구, 1972, 「백제의 화장묘」『고고미술』115, 한국미술사학회.

강인구, 1975, 「백제의 화장묘3」『백제문화』7·8합집, 공주대학교백제문화연구소.

강인구, 1977, 「백제의 호관묘」『백제고분연구』, 일지사.

권오영, 2001,「풍납토성 경당지구 발굴조사의 성과」『한밭대학교개교제47주년기
   념학술발표대회요지문』, 한밭대학교 향토문화연구소

권오영, 2002,「풍납토성 출토 외래유물에 대한 검토」『백제연구』36집, 충남대학
   교백제연구소.

권오영, 2003,「物資·技術·思想의 흐름을 통해 본 百濟와 樂浪의 交涉」『漢城期
   百濟의 物流시스템과 對外交涉』, 한신대학교 학술원 제1회 국제학술대회.

權五榮, 2002,「百濟의 對中交涉의 전개와 그 성격」『古代 東亞細亞와 三韓·三
   國의 交涉』, 복천박물관.

김규동, 2002,「백제 토제 연통시론」『과기고고연구』8집, 아주대학교박물관.

김길식, 2001,「삼한 지역 출토 낙랑계 문물」『낙랑』, 국립중앙박물관.

김무중, 2003,「백제한성기 지역토기 편년」『한성기 백제고고학의 제문제(1)』, 서
   울경기고고학회.

金誠龜, 1990,「扶餘의 百濟窯址와 出土遺物에 대하여」『百濟研究』21집, 충남대
   학교백제연구소.

김성남, 2000,『中部地方 3~4世紀 古墳群 一研究』, 서울대학교석사학위논문.

金壽泰, 1991,「百濟의 滅亡과 唐」『百濟研究』22집, 충남대학교백제연구소.

金壽泰, 1992,「百濟 義慈王代의 太子冊封」『百濟研究』23집, 충남대학교백제연구소.

김승옥, 1997,「거치문토기:정치적 권위의 상징적 표상」『한국고고학보』36, 한국
   고고학회.

김양옥, 1987,「경질무문토기시론」『최영희선생화갑기념한국사논총』.

金妍秀, 1994,「傳 扶餘 發見 中國青磁벼루에 대하여」『考古學誌』제6집, 한국고
   고미술연구소.

김영원, 1998,「百濟時代 中國 陶磁의 輸入과 倣製」『百濟文化』27집, 공주대학교
   백제문화연구소.

김원룡, 1975,「백제건국지로서의 한강하류지역」『백제문화』7·8합집, 공주대학
   교백제문화연구소.

김용민, 1998,「백제 사비기 토기에 대한 일고찰-부소산성출토 토기를 중심으

로」『문화재』31호, 문화재관리국.

김용민, 2002, 「백제의 연가에 대하여」『문화재』35집, 국립문화재연구소.

김장석·권오영, 2005, 「백제 한성양식 토기의 유통망 분석」『백제의 생산기술과 유통체계』, 경기도·한신대학교학술원.

金鍾萬, 1990, 『短脚高杯의 歷史性에 대한 硏究』, 忠南大學校碩士學位論文.

김종만, 1994, 「부여지방출토 도가니」『고고학지』제6집, 한국고고미술연구소.

김종만, 1995, 「충남서해안지방 백제토기연구-보령·서천지방을 중심으로」『백제연구』25집, 충남대학교백제연구소.

김종만, 1995, 「백제흑색와기고」『한국사의 이해』, 경인문화사.

김종만, 1999, 「마한권역출토 양이부호 소고」『고고학지』10, 한국고고미술연구소.

金鍾萬, 1999, 「화장묘의 유행」『백제』, 국립중앙박물관.

金鍾萬, 1999, 「百濟後期 土器盌의 樣相과 變遷」『東垣學術論文集』2집, 한국고고미술연구소.

김종만, 2000, 「사비시대 백제토기에 나타난 지역차 연구」『과기고고연구』7집, 아주대학교박물관.

金鍾萬, 2000, 「扶餘 陵山里寺址에 대한 小考」『新羅文化』17·18합집, 동국대학교신라문화연구소.

金鍾萬, 2001, 「公州 道川里出土 百濟土器 小考」『國立公州博物館紀要』창간호, 국립공주박물관.

김종만, 2002, 「백제 개배의 양상과 변천」『고고학지』13집, 한국고고미술연구소.

金鍾萬, 2002, 「泗沘時代 瓦에 나타난 社會相 小考」『國立公州博物館紀要』2집, 국립공주박물관.

김종만, 2003, 「泗沘時代 灰色土器의 性格」『湖西考古學報』제9집, 湖西考古學會.

金鍾萬, 2003, 「泗沘時代 扶餘地方出土 外來系遺物의 性格」『湖西地方史 硏究』, 경인문화사.

金鍾萬, 2003, 「扶餘 陵山里寺址出土遺物의 國際的 性格」『백제금동대향로와 고대동아시아』, 백제금동대향로발굴 10주년 기념 국제학술 심포지엄.

김종만, 2006,「금강유역의 산악제사」『고고자료로 본 古代 祭祀』, 복천박물관.

김종만, 2006,「부소산성출토 토기 소고」『부소산성유적고증 연구』, 한국전통문화
학교.

김종만, 2006,「성왕시대 백제 생활토기」『백제의 성왕과 그의 시대』, 부여군백제
신서3.

김종만, 2007,「청양 학암리요지 출토유물의 의의」『신백제발굴문화재특별전 도
록-그리운 것들은 땅속에 있다.』, 국립부여박물관.

박수현, 2001,「호남지방 토기요지에 관한 일시론-요의 구조를 중심으로-」『연구
논문집』제1집, 호남문화재연구원.

박순발, 1989,『한강유역 백제토기 변천과 몽촌토성의 성격에 관한 일고찰』, 서
울대학교석사학위논문.

박순발, 1998,「4~6세기 영산강유역의 동향」『백제사상의 전쟁』, 충남대학교백
제연구소.

박순발, 1999,「漢城百濟의 對外關係」『百濟研究』30, 충남대학교 백제연구소.

박순발, 1998,『백제 국가의 형성 연구』, 서울대학교대학원박사학위논문.

박순발, 2001,「심발형토기고」『호서고고학』4·5집, 호서고고학회.

박순발, 2003,「百濟土器 形成期에 보이는 樂浪土器의 影響」『百濟와 樂浪』, 충남
대학교 백제연구소 2003년도 백제연구 국내학술회의.

박순발, 2003,「웅진·사비기 백제토기의 편년에 대하여-삼족기와 직구단경호를
중심으로」『百濟研究』37, 충남대학교 백제연구소.

박순발, 2004,「백제의 토기」『백제문화의 특성 연구』, 서경문화사.

朴淳發, 2005,「공주 수촌리고분군출토 중국자기와 교차연대 문제」『4~5세기 금
강유역의 백제문화와 공주 수촌리 유적』, 충청남도역사문화원 제5회 정
기심포지엄.

朴淳發·李亨源, 1999,「대전 월평동 즐문토기 및 고구려토기 산포유적」『湖西考
古學』창간호, 호서고고학회.

박중환, 1999,「鳥足文土器考」『고고학지』제10집, 한국고고미술연구소.

朴賢淑, 1998,「百濟 泗沘時代의 地方統治와 領域」『百濟의 地方統治』, 학연문화사.

山本孝文, 2003,「백제 사비기의 도연」『백제연구』38집, 충남대학교백제연구소.

山本孝文, 2005,「백제 사비시기 토기양식의 성립과 전개」『백제 사비시기 문화의 재조명』, 국립부여문화재연구소..

徐聲勳, 1979,「百濟虎子 二例」『百濟文化』12집, 공주대학교백제문화연구소.

서성훈, 1980,「백제의 토기병 고찰」『백제문화』13집, 공주대학교백제문화연구소.

서성훈, 1980,「백제 기대의 연구」『백제연구』11집, 충남대학교백제연구소.

서현주, 2001,「이중구연토기 소고」『백제연구』33집, 충남대학교백제연구소.

서현주, 2004,「4~6세기 백제지역과 일본 열도의 관계」『호서고고학』11집, 호서고고학회.

徐賢珠, 2006,『榮山江流域의 三國時代 土器 研究』, 서울大學校博士學位論文.

성낙준, 1988,「영산강유역 옹관고분 출토토기에 대한 일고찰」『전남문화재』창간호.

성정용, 2000,『중서부 마한지역의 백제영역화과정 연구』, 서울대학교박사학위논문.

신종국, 2002,『백제토기의 형성과 변천과정에 대한 연구』, 성균관대학교석사학위논문.

신종환, 1996,「청주 신봉동출토유물의 외래적 요소에 관한 일고-90b-1호분을 중심으로-」『영남고고학』18, 영남고고학회.

신희권, 2001,「풍납토성의 축조기법과 성격에 대하여」『풍납토성의 발굴과 그 성과』, 한밭대학교향토문화연구소.

안승주, 1975,「백제고분의 연구」『백제문화』7·8합집, 공주대학교백제문화연구소.

안승주, 1979,「백제토기의 연구」『백제문화』12집, 공주대학교백제문화연구소.

안승주, 1984,「백제토기의 개관」『백제토기도록』, 백제문화개발연구원.

安承周, 1998,「百濟土器의 對中國 交涉」『百濟美術의 對外交涉』, 예경.

오후배, 2003『우리나라 시루의 고고학적 연구』, 단국대학교대학원 석사학위논문.

우지남, 1987,「대가야고분의 편년-토기를 중심으로-」『삼불김원룡교수정년퇴임기념논총』Ⅰ, 고고학편.

柳基正, 2002·2003,「鎭川 三龍里 · 山水里窯 土器의 流通에 관한 研究(上)·(下)」『崇實史學』15·16집, 숭실대학교사학과.

유병하, 1995,「고고학 자료로 본 백제의 제사」『특별전 바다와 제사』, 국립전주박물관.

윤무병, 1974,「연산지방의 백제토기 연구」『백제연구』10집, 충남대학교백제연구소.

尹武炳, 1982,「扶餘 雙北里遺蹟 發掘調査報告書」『百濟研究』13집, 충남대학교백제연구소.

尹武炳, 1993,「高句麗와 百濟의 城郭」『百濟史의 比較研究』, 충남대학교백제연구소.

尹龍二, 1987,「百濟遺蹟 發見의 中國陶磁」『馬韓·百濟文化研究의 成果와 課題』, 원광대학교 마한·백제문화연구소.

윤환·강희천, 1995,「百濟 三足土器의 一研究」『고대연구』4집, 고대연구회.

李蘭暎, 1978,「韓國古代의 金屬瓶」『美術資料』23호, 국립중앙박물관.

李蘭暎, 1998,「百濟地域出土 中國陶磁 研究」『百濟研究』28집, 충남대학교백제연구소.

李南奭, 1999,「古墳出土 黑釉鷄首壺의 編年的 位置」『湖西考古學』창간호, 호서고고학회.

이내옥, 2006,「백제인의 미의식」『역사학보』192, 역사학회.

李尙律, 1998,「新羅, 伽倻 文化圈에서 본 百濟의 馬具」『百濟文化』27집, 공주대학교백제문화연구소.

이석구·이대행, 1987,「백제삼족토기연구」『공주사대논문집』25집, 공주대학교.

李成美, 1998,「百濟時代 書畵의 對外交涉」『百濟美術의 對外交涉』, 예경.

이성주, 1991,「原三國時代 土器의 類型, 系譜, 編年, 生産體系」『韓國古代史論叢』2, 한국고대사회연구소.

李盛周, 2002,「南海岸地域에서 출토된 倭系遺物」『古代東亞細亞와 三韓·三國의 交涉』, 복천박물관.

이영철, 2001,『영산강유역 옹관고분사회의 구조 연구』, 경북대학교석사학위논문.

이정호, 1996,「영산강유역 옹관고분의 분류와 변천과정」『한국상고사학보』22,

한국상고사학회.

이정호, 2003,「영산강유역의 고대 가마와 그 역사적 성격」『삼한·삼국시대의 토기생산기술』, 복천박물관.

李鍾玟, 1997,「百濟時代 輸入陶磁의 影響과 陶磁史的 意義」『百濟研究』27집, 충남대학교백제연구소.

이홍종, 1991,「중도식 토기의 성립과정」『한국상고사학보』6, 한국상고사학회.

임영진, 1987,「석촌동일대 적석총계와 토광묘계 묘제의 성격」『삼불김원룡교수정년퇴임기념논총-고고학편』

임영진, 1994,「한성시대 백제의 건국과 한강유역 백제고분」『백제논총』4집, 백제문화개발연구원.

林永珍, 1996,「全南의 石室墳」『全南의 古代 墓制(圖面·寫眞)』, 목포대학교박물관.

林永珍, 1996,「光州 雙岩洞古墳」『全南의 古代墓制』, 목포대학교 박물관.

임영진, 1996,「백제초기 한성시대 토기연구」『호남고고학보』4집, 호남고고학회.

殷和秀, 1998,「傳 개성출토 靑磁虎子에 考察」『考古學誌』9집, 한국고고미술연구소.

조대연, 2005,「한성백제토기의 생산기술에 관한 일 고찰」『백제의 생산기술과 유통체계』, 경기도·한신대학교학술원.

조성숙, 2004,『肩部押捺文 土器에 대한 研究』, 한신대학교대학원석사학위논문.

趙榮濟, 1996,「玉田古墳의 編年硏究」『嶺南考古學』18, 嶺南考古學會.

전경아, 2001,『백제토기의 시문기법』, 공주대학교석사학위논문.

정인성, 2003,「樂浪土城 出土 土器」『동아시아에서의 樂浪』제5회 한국고대사학회 하계세미나.

정종태, 2001,「호서지역 장란형토기의 변천양상」『호서고고학』제9집, 호서고고학회.

정종태, 2006,『백제 취사용기의 유형과 전개양상』, 충남대학교대학원석사학위논문.

정징원·신경철, 1987「종말기 무문토기에 관한 연구-남부지방을 중심으로 한 예비적 고찰-」『한국고고학보』20, 한국고고학회.

秦弘燮, 1973,『三國時代 高句麗美術이 百濟 · 新羅에 끼친 影響에 관한 研究』.

齊東方, 2001,「百濟武寧王墓와 南朝梁墓」『무령왕릉과 동아세아문화』, 국립부여 문화재연구소 · 국립공주박물관.

崔秉鉉, 1995,『新羅古墳研究』, 일지사.

최병현, 1998,「原三國土器의 系統과 性格」『한국고고학보』38, 한국고고학회.

최완규, 1986, 「전북지방의 백제토기에 대하여」『고고미술』169 · 170, 한국미술 사학회.

최완규, 2000, 「백제토기의 지역적 양상」『한국고대문화의 변천과 교섭』, 서경문 화사.

崔鍾圭, 1992,「濟羅耶의 文物交流-百濟金工 II -」『百濟研究』23집, 충남대학교백 제연구소.

崔鍾澤, 2000,「高句麗土器의 形成과 變遷」『韓國古代文化의 變遷과 交涉』, 서경문 화사.

土田純子, 2004,『백제토기의 편년연구』, 충남대학교석사학위논문.

土田純子, 2005,「百濟 短頸瓶 研究」『百濟研究』第42輯, 忠南大學校百濟研究所.

土田純子, 2006,「百濟 平底外反口緣短頸壺 및 小型平底短頸壺의 變遷考」『韓國 上古史學報』第51輯, 韓國上古史學會.

한지선, 2003,『토기를 통해서 본 백제고대국가 형성과정 연구』, 중앙대학교대 학원석사학위논문.

허의행, 2004, 「土器造 우물에 對한 考察」『錦江考古』창간호, 충청매장문화재연 구원.

洪潽植, 1998,「百濟 橫穴式石室墓의 型式分類와 對外傳播에 관한 研究」『博物館 研究論集』2, 부산박물관.

홍보식, 1998, 「백제와 가야의 교섭」『百濟文化』27집, 공주대학교백제문화연구소.

홍보식, 2003, 「土器 成形技術의 變化」『기술의 발견』, 복천박물관.

홍보식, 2005, 「삼한 · 삼국시대의 조리시스템」『선사 · 고대의 요리』, 복천박물관.

耿鐵華 · 林至德, 1984,「集安高句麗陶器的初步研究」『文物84-1』, 文物出版社.

龜田修一, 1981,「百濟古瓦考」『百濟研究』제12집, 충남대학교백제연구소.

谷豊信, 1985・1986,「樂浪土城址出土の土器(上)・(中)・(下)」『東京大學文學部考
　　　古學研究室紀要』第2・4・6號.

金鍾萬, 2000,「扶餘陵山里寺址出土瓦當文樣の形式と年代觀」『帝塚山大學考古學
　　　研究所研究報告Ⅱ』, 帝塚山大學考古學研究所.

金鍾萬, 2002,「百濟土器に見られる製作技法」『朝鮮古代研究』, 朝鮮古代研究刊
　　　行會.

金鍾萬, 2006,「泗沘時期 百濟土器の生産と流通」『鹿園雜集』8집, 奈良國立博物館.

藤澤一夫, 1955,「百濟の 土器 陶器」『世界陶磁全集』13輯, 河出書房.

木下亘, 2003,「韓半島出土 須惠器(系) 土器에 대하여」『百濟研究』37집, 충남대학
　　　교백제연구소.

武末純一, 1980,「百濟初期の古墳-石村洞・可樂洞古墳群を中心に」『鏡山猛先生
　　　古稀記念論攷』.

白石太一郎編, 1990,「古墳時代の工藝」『古代史復元』7, 講談社.

三上次男, 1976,「漢江地域發見の四世紀越州窯靑磁と初期百濟文化」『朝鮮學報』
　　　81집.

小田富士雄, 1979,「百濟の土器」『世界陶磁全集-韓國古代』17, 小學館.

小田富士雄, 1982,「越州窯靑磁를 伴出한 忠南의 百濟土器-4世紀의 百濟土器 其
　　　二」『백제연구』특집호, 충남대학교백제연구소.

小田富士雄, 1983,「四世紀の百濟土器」『古文化論叢』, 藤澤一夫先生古稀記念論集.

小田富士雄, 1986,「日韓火葬墓の出現」『古文化談叢』16集, 九州古文化研究會.

小池寬, 1999,「有孔廣口小壺の祖型」『朝鮮古代研究』第1號, 朝鮮古代研究刊行會.

松井忠春, 1995,「韓國の土器文化について」『激動の古代東アジア』, 帝塚山大學
　　　考古學研究所.

尹煥, 1989,「漢江下流域における百濟橫穴式石室-可樂洞・芳荑洞石室墳にし
　　　て」, 『古文化談叢』20(中), 九州古文化研究會.

張慶捿, 1999,「北齊の蓋のある細頸銅瓶の變遷」『觀音山古墳と東アジア世界特別

展圖錄』, 群馬縣立歷史博物館.

田中淸美, 1994, 「조족タタキと百濟系土器」『韓式系土器硏究』V, 韓式系土器硏究會.

定森秀夫, 1989, 「韓國ソウル地域出土三國時代土器について」『生産と流通の考古學』, 橫山浩一先生退官記念論文集 I.

齋藤忠, 1973, 「扶餘發見の壺の一型式」『新羅文化論攷』, 吉川弘文館 .

酒井淸治, 1985, 「千葉市大森第2遺跡出土の百濟土器」『古文化談叢』15, 九州古文化硏究會,

酒井淸治, 1993, 「韓國出土の須惠器類似品」『古文化談叢』30(中), 九州古文化硏究會.

中村浩, 1980, 『須惠器』, 日本 ニュー サイエンス社.

川越俊・井上和人, 1981, 「瓦器製作技術の復原」『考古學雜誌』67권 제2호, 日本考古學會.

4. 발굴조사 보고서

국립공주박물관, 1999, 『정지산』.

國立公州博物館, 2002, 『日本所在 百濟文化財 調査報告書Ⅲ−近畿地方−』.

國立光州博物館, 1988, 『羅州潘南古墳群』.

국립광주박물관, 2000, 『호남고고학의 성과』.

國立光州博物館, 2003, 『長城 諸兵協同訓練場 文化遺蹟 地表調査 報告書』.

國立文化財硏究所, 2001, 『羅州 伏岩里 3號墳』.

國立扶餘文化財硏究所, 1991, 『扶餘 芝仙里古墳群』.

國立扶餘文化財硏究所, 1995, 『扶蘇山城』.

國立扶餘文化財硏究所, 2006, 『王宮里−發掘中間報告V』.

국립부여문화재연구소, 2006, 『王宮里』.

국립부여박물관, 2000, 『陵寺』.

국립부여박물관, 2007, 『부여 논치 제사유적』.

국립부여박물관, 2007,『궁남지』.

國立全州博物館, 1994,『扶安 竹幕洞 祭祀遺蹟』.

國立中央博物館, 1995,『松菊里Ⅳ』.

권오영 · 권도희 · 한지선, 2004,『풍납토성Ⅳ』, 한신대학교박물관.

권오영 · 한지선, 2005,『풍납토성Ⅵ』, 국립문화재연구소 · 한신대학교박물관.

김원룡, 1967,『풍납리토성내포함층조사보고』, 서울대학교고고인류학총간 3책.

金元龍 · 任孝宰 · 林淳發, 1988,『夢村土城』, 서울대학교박물관.

김종만 · 신영호 · 안민자, 2001,『公州 南山里 墳墓群』, 국립공주박물관.

大田保健大學博物館, 2002,『靑陽 冠峴里 瓦窯址』.

文化公報部文化財管理局, 1978,『雁鴨池發掘調査報告書』.

文化財管理局文化財研究所, 1983,『皇龍寺發掘調査報告書』.

문화재연구소, 1989,『익산 입점리고분』.

박순발 외, 2003,『사비도성』, 충남대학교백제연구소.

부산대학교박물관, 1989,『늑도주거지』.

배기동 · 윤우준, 1994,『美沙里』제2권, 한양대학교박물관.

서성훈 · 신광섭, 1984,「표정리백제폐고분조사」『중도Ⅴ』, 국립중앙박물관.

송의정 · 윤형원, 2000,『法泉里Ⅰ』, 국립중앙박물관.

송의정 · 은화수 · 최화종 · 윤효남, 2004,『해남 용일리 용운고분』, 국립광주박물관.

順天大學校博物館, 1997,「順天 海龍面의 文化遺蹟」『順天 劍丹山城과 倭城』.

申光燮 · 金鍾萬, 1992,『부여 정암리 가마터Ⅱ』, 국립부여박물관.

沈奉謹, 1987,『陜川 倉里古墳群』, 東亞大學校博物館.

안승주, 1976, 「논산표정리백제고분과 토기」『백제문화』9집, 공주대학교백제문
　　　　화연구소.

安承周, 1981,「公州熊津洞古墳群」『百濟文化』14집, 공주대학교백제문화연구소.

安承周 · 李南奭, 1988,『論山 表井里 百濟古墳 發掘調査報告書(Ⅱ)』, 공주대학교
　　　　박물관.

安承周 · 李南奭, 1994,『論山 茅村里 百濟古墳群 發掘調査報告書(Ⅱ)』, 공주대학

교박물관.

安承周·李南奭, 1987,『公山城百濟推定王宮址發掘調査報告書』, 공주대학교박
    물관.

유기정·양미옥, 2002,『공주 금학동 고분군』, 충청매장문화재연구원.

柳基正 外, 2005,『扶餘 井洞里遺蹟』, 忠淸文化財硏究院.

윤덕향·강원종·장지현·이택구, 2002,『배매산』, 전북대학교박물관.

尹武炳, 1978,「注山里古墳群」『大淸댐水沒地區發掘調査報告』, 충남대학교박물관.

尹武炳, 1980,『定林寺』, 충남대학교박물관.

尹武炳, 1982,「扶餘 雙北里遺蹟 發掘調査報告書」『百濟硏究』13집, 충남대학교백
    제연구소.

尹武炳, 1985,『扶餘官北里百濟遺蹟發掘報告(Ⅰ)』, 충남대학교박물관.

尹武炳·李康承, 1985,「부여 소룡골건물지 발굴조사보고」『백제연구』16집, 충남
    대학교박물관.

이남규·권오영·조대연·이동완, 1998,『용인 수지 백제 주거지』, 한신대학교
    박물관.

李南奭, 1997,『汾江·楮石里 古墳群』, 공주대학교박물관.

李南奭, 1999,『公州 山儀里遺蹟』, 공주대학교박물관.

이남석·서정석, 2000,『斗井洞遺蹟』, 공주대학교박물관.

李南奭·徐程錫·李賢淑·金美先, 2003,『塩倉里古墳群』.

이상엽, 2001,『서산 여미리유적』, 충청매장문화재연구원.

이상엽, 2007,「牙山 湯井 밖지므레 遺蹟 발굴조사」『季刊 한국의 고고학(여름
    호)』, 주류성,

이선복·김성남, 2000『화성 당하리Ⅰ유적』서울대학교·숭실대학교박물관.

이영철·송공선, 2005,『무안 맥포리 유적』, 호남문화재연구원.

이영철·조희진, 2005,『고창 석교리 유적』, 호남문화재연구원.

이애령, 2001,「靑陽 汪津里瓦窯址 發掘調査槪要」『東垣學術論文集』4집, 한국고
    고미술연구소.

::

임영진 · 서현주, 1999,『光州 雙村洞 住居址』, 전남대학교박물관.d

임영진 · 조진선 · 서현주, 1999,『복암리고분군』, 전남대학교박물관.

임영진 · 조진선 · 서현주 · 송공선, 2004, 『함평 예덕리 만가촌고분군』, 전남대
　　학교박물관.

은화수 · 선재명 · 윤효남, 2003,「영광 송죽리고분 출토유물」『해남 용일리 용운
　　고분』, 국립광주박물관.

은화수 · 최상종 · 윤효남, 2004, 「신안 내양리고분 출토유물」『해남 용일리 용운
　　고분』, 국립광주박물관.

全榮來, 1973,「高敞, 雲谷里 百濟窯址 發掘報告」『全北遺蹟調査報告(下)』, 서경문
　　화사.

차용걸 · 박중균 · 한선경 · 박은연, 2004,『淸原 南城谷 高句麗遺蹟』, 충북대학교
　　박물관.

충남대학교 박물관, 1994『神衿城』.

충청남도역사문화원, 2005,『서천 봉선리 유적』.

충청남도역사문화원, 2006,『靑陽 鶴岩里 · 分香里 遺蹟』.

충청문화재연구원, 2005,『부여 쌍북리 유적』.

최병현 · 김근완 · 유기정 · 김근태, 2006,『鎭川 三龍里 · 山水里 土器 窯址群』,
　　한남대학교중앙박물관.

최성락 외, 2004,『오량동 가마유적』, 목포대학교박물관 · 동신대학교 문화박물관.

최성락 · 이영철 · 윤효남, 2000,『무안 양장리 유적 Ⅱ』, 목포대학교박물관.

한국문화재보호재단, 2000,『淸原 主城里遺蹟』.

한수영 · 신원재, 2005,『정읍 신월리 유적』, 호남문화재연구원.

한신대학교 박물관, 2003, 『풍납토성 Ⅲ』.

中國社會科學院考古硏究所, 1996,『北魏洛陽永寧寺』, 中國大百科書出版社.

奈良國立文化財硏究所, 1992, 『飛鳥池遺蹟の調査－飛鳥寺1991－1次調査』.

福岡縣敎育委員會, 2000 · 2002,『西新町遺蹟 Ⅱ · Ⅳ』.

朝鮮古蹟硏究會, 1928,「羅州潘南面古墳の發掘調査」『昭和十三年度古蹟調査報告』.

5. 도록

국립공주박물관 · 충청남도역사문화원, 2006,『한성에서 웅진으로』.

국립광주박물관, 2000,『호남고고학의 성과』.

국립광주박물관, 2005,『先史와 古代의 旅行』.

국립부여박물관, 1995,『박만식교수 기증 백제토기』.

국립부여박물관, 2003,『백제의 문자』.

국립부여박물관, 2004,『百濟의 文物交流』.

국립부여박물관, 2006,『백제의 공방』.

국립부여박물관, 2007,『신백제발굴문화재특별전도록—그리운 것들은 땅속에 있다.』.

국립청주박물관, 2000,『한국 고대의 문자와 기호유물』.

국립청주박물관, 2001,『국립청주박물관도록』.

경기도박물관, 2006,『한성백제』.

慶尙南道, 1998,『伽倻文化圖錄』.

복천박물관, 2003,『기술의 발견』.

복천박물관, 2005,『선사 · 고대의 요리』.

百濟文化開發硏究院, 1985,『百濟土器圖錄』.

서울역사박물관, 2002,『풍납토성』.

忠南大學校博物館, 1992,『發掘遺物特別展圖錄』.

奈良國立文化財硏究所飛鳥藤原宮發掘調査部, 1991,『藤原宮と京』.

飛鳥資料館, 1991,『飛鳥の源流』.

小學館, 1976,『世界陶磁全集』11.

滋賀縣立安土城考古博物館, 1996,『いにしえの渡りびと近江の渡來文化』.

朝鮮總督府, 1925,『樂浪郡時代ノ遺蹟』.

朝日新聞社, 2002,『飛鳥 · 藤原京展』.

지은이 김종만

문학박사(충남대학교 대학원졸)
1961 대전생
1984 국립부여박물관 입사
2000 국립진주박물관 학예연구실장(학예연구관)
2002~현재 국립부여박물관 학예연구실장

논문 및 저서

사비시대 백제토기 연구(2004)
泗沘期 百濟土器の 生産と流通(2005)
扶餘 陵山里寺址出土遺物의 國際的 性格(2005)
7세기 부여·익산지방의 백제토기(2005)
The Site of the Buddist Temple at Neungsan-ri, Buyeo(2005)
금강유역의 산악제사(2006)
부소산성출토 토기 소고(2006)
성왕시대 백제 생활토기(2006)
청양 학암리요지 출토유물의 의의(2007)
부여지방 백제고분출토 토기(2007) 외 다수

백제토기의 신연구

초판인쇄일	2007년 10월 10일	
초판발행일	2007년 10월 15일	
지 은 이	김종만	
펴 낸 이	김선경	
펴 낸 곳	도서출판 서경문화사	
주 소	서울시 종로구 동숭동 199 – 15(105호)	
전 화	02 – 743 – 8203, 8205	
팩 스	02 – 743 – 8210	
메 일	sk8203@chollian.net	
등 록 번 호	1 – 1664호	
인 쇄	한성인쇄	
제 책	반도제책사	

ⓒ 김종만, 2007

ISBN 89-6062-018-6 93900

값 : 14,000원